初めてでも驚くほど美味しい

日本一やさしい
本格パン作りの
教科書 レーズン酵母編

松尾美香 著

秀和システム

はじめに

パン作りに慣れてくると作ってみたくなるのが自家製酵母パン。でも「自家製酵母パンってちょっと大変そう、面倒そう……」と思って二の足を踏んでいる人も多いのではないでしょうか。

今回は、初心者の人でも手軽に扱えるレーズン酵母を使ったパン作りをご紹介します。まずは読み始める前に「レーズン酵母は扱いやすい。私でも楽しく作れる」と自分に暗示をかけてくださいね。間違っても「難しそう」と否定したまま読み進めないでください(笑)。

この本では全てのパンを高加水・低温長時間発酵で作っています。長時間発酵と聞くと時間がかかりそうと思われるかもしれませんが、実はそんなことはありません。

作業自体は2日間に分けて行いますが、1日にかかる時間は1時間くらい。それぞれの作業にかかる時間も短いので、家事の合間や、テレビを観ながら……会社から20時に帰ってきたとしても、着替え・夕飯・リラックスタイムの間に作れます。私は夕飯を作りながら……というよりは、パン作りの合間に夕飯の準備をしていました。

生徒さんの中には、お風呂に入りながらパンチのときだけバスルームからちょこっと上半身を出して作業するという強者もいます。作業時間は一瞬で(大袈裟かな)、作業と作業の間に時間があります。その間に他のことができてしまうので、逆にとても便利です。そう、ながら作業ができてしまうパン作りです。

自家製酵母はゆっくり発酵していくため、過発酵(発酵しすぎ)してしまう、決められたタイミングで作業しなくてはいけないということはほとんどなく、ご自分の都合のよいときに作業ができます。隙間時間にできるので、働いている方や子育てをしている方など、忙しくてなかなかパンを作るためだけに時間を取ることができない人にこそぴったりな方法なんです。

大きな声では言えませんが、レーズン酵母を作るのが大変なら、インスタントドライイーストに置き換えて作ることもできます。レーズン酵母の本なんですけれどね(笑)。

材料、道具について

※粉は銘柄によって吸水が変わります。慣れるまではできるだけ本書と同じ粉を使用することをおすすめします

基本の粉
リスドォル（準強力粉）、イーグル（強力粉）、全粒粉（パン用）、ライ麦粉（中挽き）

レーズン、砂糖
カルフォルニアレーズン、グラニュー糖。レーズン酵母を作るときに使用します。

モルト
モルトシロップ、モルトパウダー（p.9参照）

その他の粉類
抹茶（製菓用）、ココア（無糖）、塩（シママース）、上白糖、グラニュー糖

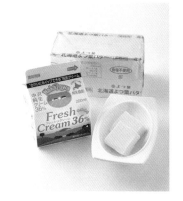

油脂類
無塩バター、生クリーム（乳脂肪分35%）

水
水道水、コントレックス（硬水）

トッピング
ドライフルーツ類、チョコレートなど

特殊な材料
マルチシリアル、コーングリッツ、ライフレーク（押し麦）、セモリナ粉

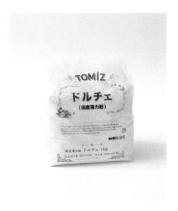

ドルチェ
お菓子用の薄力小麦粉

ビン
レーズン酵母を起こすときに使用（p.18参照）。初めて作るときは新品のものを。

タッパー
10×10×10cmのものを使用（p.8参照）。

デジタルスケール
0.1g単位まで計量できるものがおすすめです。

ボウル
直径15cm／18cmのものを使用。ミキシングや成形後の発酵時に使います。

カード、ゴムベラ、めん棒、ホイッパー
カードは生地をカットしたり、かき集めたりするときに使用。めん棒は木製でもプラスティック製でも。

板、キャンバス地、生地取り板
生地をのせる板（段ボールで代用可）に、生地が付着しないようにキャンバス地を敷いて使用。生地取り板についてはp.13を参照してください。

布巾、打ち粉、茶こし
布巾は無印良品の落ちワタ混ふきんがおすすめ。打ち粉はリスドォルを使用。

はさみ、クープナイフ
生地に切り込みやクープを入れるのに使用します。

型類
食パン型（9.5×18.5×9cm）、パウンド型（8×18×6cm）、マフィン型（直径7cm）

この本を上手に使うコツ

この本では粉や容器の大きさを指定しています。本と同じものを作るためには、
必ず指定したものと同じ材料・近い大きさの容器を使用してください。
面倒くさい……と思われるかもしれませんが、指定するのには理由があるからです。

1 粉の種類について

同じ強力粉でも、粉の銘柄によって吸水が変わります。まずは正しい生地の状態を知るため、**指定の粉を使用して作ってください**。正しい生地の状態を把握できたら、ご自分のお好みの粉に置き換えてみましょう。最初は少し水分を減らしてミキシングすることをおすすめします。状態を見て水分量が足りないと感じたら少しずつ足していってください。

2 容器について

縦10×横10×高さ10cmにできるだけ近く、発酵状態がわかる透明のタッパーを使用しましょう。例えば縦10×横10×高さ10cmの容器と縦20×横10×高さ5cmの容器に生地を入れたとします。高さ10cmの容器に入れた生地はそのまま自重で上に発酵していきます。対して高さ5cmの容器に入れた生地は、横に広がりながら発酵していきます。同じ分量の生地で同じ容量のタッパーでも、**発酵の仕方が違ってくるのでグルテンの力も変わってしまいます**。必ず指定のサイズに近いものを使用してください。

3 水とコントレックスについて

この本のレシピのほとんどは**高加水（粉に対して水分量が多い）**で作っています。
水分の一部をコントレックスにしているメニューがあります。水分が多いと生地
の扱いが難しくなりますが、コントレックスに含まれているミネラルによって生
地が扱いやすくなります。**水分は常温のものを使用してください。**

4 モルトについて

市販のモルトにはシロップとパウダーの2種類があります。シロップは水飴
のように固く計量がしにくいため、あらかじめモルト1に対して水1で希釈
しておき計量しましょう。私はモルトシロップ20〜30gを同量の水で希釈し、
清潔な容器に入れて冷蔵庫で保存して使用しています（1ヶ月ほどもちます）。
例えば材料にモルト2gと指定してある場合、この希釈済みのシロップを2g
使います。
**本書ではモルトシロップを使用していますが、モルトパウダーのほうが扱い
やすいのでおすすめです。**シロップとパウダーはイコールではありませんが、
今回はご自宅で楽しむパン作りなのでパウダーの場合も同量を計量して、シ
ロップは水分（B）、パウダーは粉類（A）に混ぜ合わせて使用してください。

5 高加水の生地の扱い方

高加水とは、粉に対して水分量が多いことをいいます。
水分が多い生地はベタつき、扱いが難しく感じられます。生地は
打ち粉がついている箇所を触ると手につきません。いつもより多
めの打ち粉を上手に使えるようになれば、高加水の生地も扱いや
すく感じるようになるはずです。

6 ミキシングとパンチについて

ミキシングとパンチの基本

本書は高加水の生地でのパン作りです。生地を叩いたり転がしたりするミキシングは必要ありません。粉と水を混ぜることでグルテンができ、時間をおくことでグルテンがつながっていきます。ただし、間違えてはいけないのは「混ぜるだけでは長くて丈夫なグルテンはできない」ということ。長くて丈夫なグルテンを作るには、「生地を伸ばす」という作業が必要になってきます。本書では、材料を混ぜた後に生地を持ち上げて伸ばすまでの作業を「ミキシング」といいます。

ここでもう一つ！　生地によっては、ミキシングだけではグルテンの形成が足りないことがあります。そこで「さらに生地を伸ばす」作業をすることにより、グルテンをもっと強くします。

ミキシングをしたばかりの生地は、まだ伸びません。時間をおくと生地がつながっていきます。少し時間をおいてから生地を持ち上げると伸ばすことができるのです。パン生地ってすごいですよね。この生地を持ち上げて伸ばす作業を「パンチ」といいます。

パンチは作りたい生地によって回数が違ってきます。**必ずレシピの回数を守ってください。**ミキシング後1回目のパンチと2回目のパンチでは生地の状態が変わります。どんどん滑らかになって、伸びるようになります。生地の変化を感じながら伸ばすと、生地って生きているんだなって感じますよ。

ミキシングの段階ではまだグルテンがほとんどつながっていないので、生地を伸ばそうとしてもブチブチと切れてしまいます。パンチでは最初はよく伸びますが、最後はあまり伸びにくくなることもあります。レシピによってよく伸びる生地や伸びにくい生地があります。**できるだけゆっくり丁寧に伸ばして**ください。

この本の写真の見方

みなさんにわかりやすいように、ミキシングとパンチをするときの「生地の伸び具合」を写真で確認できるようにしました。

写真を見て、それぞれ1回目または2回目に伸ばした生地の状態を確認し、どのくらい伸びるのか参考にしてください。3回目以降はグルテンが強くなっているのでここまでは伸びないことがあります。

写真と写真の間の矢印には、室温におく時間を書いてあります。ここでの**室温とは、18〜24度くらい**を目安にしています。

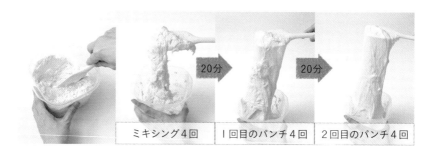

ミキシング4回　｜　1回目のパンチ4回　｜　2回目のパンチ4回

7 発酵について

1次発酵について

長時間発酵させた生地は粉の芯まで水分が浸透し、旨みと芳醇な香りが醸し出されます。本書では1次発酵を室温と冷蔵庫においている時間を合わせて17時間〜24時間とっています。

今回は、メニューごとに「**最終膨倍率（ミキシング後、1次発酵完了までに生地が膨らむ割合）**」を指定しました。例えば「最終膨倍率2.2倍」の生地の場合は、1日目に室温（18度〜24度）で2倍になるまで発酵させてから冷蔵庫に入れ、最終的に2.2倍まで発酵させます。酵母の力や部屋の温度、冷蔵庫の温度によって発酵時間が変わってきますので、最初は実験だと思ってください。

私はパン作りを実験の連続だと思っていますが、それが負担に感じる人は少量のインスタントドライイースト（0.2g）を使用することで発酵時間が比較的安定します。室温が高い時期に卵や牛乳を使用したパンを作る場合は、インスタントドライイーストを併用し、なるべく室温で発酵させる時間を短縮するようにしてください。

1次発酵は30時間くらいまで延ばすことができます。私は72時間くらいまでしますが、時間をおくほど生地は緩くなりますので、慣れるまでは24時間以内で次の作業に進むようにしてください。2日目の作業をする時間から逆算してミキシングをするといいでしょう。

この本では、2日目の最初に**1次発酵が終了した状態**の写真をのせています。タッパーに輪ゴムをし、生地の発酵の過程がわかるようしました。**下の輪ゴムがミキシング後、上の輪ゴムが冷蔵庫に入れる前の状態**です。

このように目印をつけておくと、どのくらい膨らんだのか判断がしやすくなります。

冷蔵庫に入れる前 ———
ミキシング後 ———

最終発酵について

この本では、最終発酵を発酵器で行っています。**発酵器や発酵機能のあるオーブンなどがない場合は、生地が乾燥しないようにキャンバス地や固く絞った濡れ布巾などを被せ、室内の暖かい場所において発酵させましょう。**

温度と時間は反比例です。温度が低い場合は発酵時間が長くなります。記載されている温度より室温が低い場合は、発酵時間を延ばしてあげてください。予熱を入れているオーブンのそば（上はNG）や、冬場なら床暖房の上、こたつの中などで発酵させるのがおすすめです。

最終発酵（成形後の発酵）を見極める際は、指に打ち粉をつけて生地の横をそっと押しましょう。指の跡が残る、もしくは生地がゆっくり戻ってくる状態になったら発酵終了です。

※冷蔵庫から生地を出した後は「復温（室温において生地の温度を常温に近い状態に戻すこと）」という作業をすることがありますが、本書は復温が必要ないレシピにしました。ただし、家によって冷蔵庫の温度は違います。冷え切っている庫内で生地を発酵させた場合は、少しだけ室温においておいてあげてください。

タッパーから生地が溢れてしまったら

「タッパーから生地が溢れるくらい発酵してしまったけれど、すぐに次の作業（分割や成形など）ができない」という場合は、そっと蓋をとり、ゴムベラで生地を少し押さえて（へこませて）冷蔵庫においてください。あまり押さえすぎると今度は指定の膨倍率まで発酵しないおそれがありますので、押さえすぎないように気をつけましょう。

8 ボウルを使った成形について

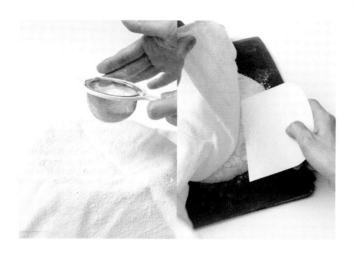

ボウルを使って成形後発酵させるときは、直接ボウルに生地を入れるのではなく、必ず布巾をボウルにふんわりのせて打ち粉をふるってから入れましょう。打ち粉が少ないと生地が布巾についてしまうことがあるので、**布巾が見えなくなるくらいたっぷり打ち粉をふるってください**。ボウルから生地を出して打ち粉が多いと感じたら、焼成前（クープの前）または焼成後にブラシで余分な打ち粉を払うといいでしょう。また、バヌトン（籐製発酵かご）を使用する場合も必ず布巾を使用してください。

万が一生地が布巾にくっついてしまった場合は、カードでやさしくはがしましょう。生地が破けたなど傷つけてしまったときは、傷つけた部分に軽く打ち粉をふるいます。布巾についてしまった生地は乾かしてから指ではがすと綺麗に取れます（キャンバス地も同様）。

9 板とキャンバス地の使い方

1 　天板と同じくらいの大きさの板（段ボールでも可）を用意し、キャンバス地をのせ端を折って山を作る（山をピンで留める）。

2 　生地をのせたら山を作るを繰り返して、最初に生地を折ったほうから生地をのせる。

必ず、成形時に手前だった部分をクリップのある方向においてください。クープを入れる場合、逆にするとクープが開きません。
キャンバス地は使いやすい大きさにカットして使いましょう。私は縦を35cmくらいにカットして使用しています。

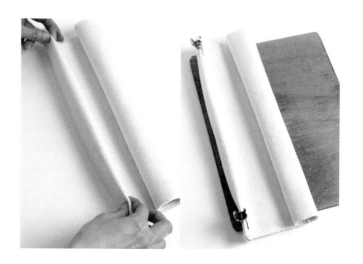

10 キャンバス地からオーブンシートへの生地の移し方

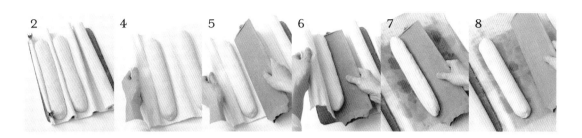

1 生地取り板を用意する。天板と同じくらいの長さの板（もしくは段ボール）にストッキングを被せるか、キャンバス地を巻き付ける。

2 最初に折った山（ピンを留めている側）が左側にくるようにキャンバス地をおく。

3 板または段ボールの上にオーブンシートを敷く。　4 1本目の生地の両サイドの山を広げる。

5 右手に生地取り板を持ち、生地の右側におく。　6 左手で最初に折った山を持ち、板に生地を転がす。

7 板に載せたままオーブンシートに持ってくる。　8 板から生地を反転させて移動させ、左側が手前になるように板を移動する。

生地がキャンバス地についてしまったときの対処法

1 生地の右側に生地取り板をおく。

2 生地を左側に転がす（それでも動かないときはカードではがす）。

3 左手で最初に折った生地を持ち、反転させて元の状態に戻す。

4 それ以降は上の4〜7と同じ。

11 オーブンシートから天板への生地の移し方

生地をのせた板（段ボール）を、できるだけ天板の奥のほうまで入れる。板（段ボール）を一気に引き抜き、オーブンシートをスライドさせて天板の上に移動させる。

※天板は高温になっています。2枚重ねにした軍手やミトンを着用して、やけどをしないように気をつけてください。

12 オーブンについて

最高温度で予熱する

焼き色がつかない、重いパンが焼き上がったなど、パンがうまく作れない原因の一つに「オーブンがしっかり温まっていない」ことがあげられます。**予熱機能を使って予熱完了のアラームがなっても「実際には庫内全体が設定した温度になっていない」**ことがほとんどです。庫内全体を温めるためにはもっと時間が必要になってきます。

工程で「**最高温度で予熱**」と明記しているときは、ご自分のオーブンの最高温度で**40分以上予熱**を入れてください。オーブンによっては予熱完了のアラームが鳴ってからしばらくスタートをさせないと取り消されてしまうことがあります。一度取り消しをされると、庫内の温度が下がるまで、オーブンが使えなくなることがあるので、その場合は**予熱機能は使わずに空焼き**をするようにしてください。

すでにご自分のオーブンがどのくらいで温まるかを把握している人は最高温度で予熱をしなくても構いません。また、**必ず天板を入れて予熱を入れる**ようにしましょう。

生地の上に
オーブンシートを被せる

クープを入れた生地を焼くときは、オーブンシートを被せて焼きます。家庭用オーブンの場合、そのまま庫内に入れてしまうと風でクープが固まってしまい、開かないことがあります。それを防ぐため、**焼成スタートさせてから5分間は生地の上にオーブンシートを被せたまま焼き**ましょう。

5分経ったら全体をしっかり焼きたいので外します。オーブンシートが風で飛ばないように磁石で留めておくといいですよ。オーブンシートと磁石を外すときは、やけどをしないよう必ず軍手やミトンをしましょう。

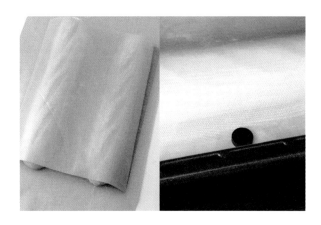

スチームをしっかり入れる

生地の表面がすぐに固まってしまうのを防ぐため、また、仕上がりにつやを出すために、スチームを入れます。スチーム機能がある電気オーブンの場合は5分スチームを入れましょう。
私のオーブンはスチーム機能がないので、バットに小石（タルトストーンでも可）を入れて温め、そこに50 ccの熱湯をかけてスチームを入れています。
上記ができないときは霧吹きに熱湯（対応できないものは水）を入れて、庫内の上部に向かってたっぷり霧をかけてください。

温度と時間は
オーブンによって違います

この本の焼成温度と時間は、あくまでも私のオーブン4台が元になっています。**最初は本の通りの温度・時間で焼いてみてください。**もし焼けていない、焼き色が濃い薄いなどという場合は、温度・時間を調整してください。できるだけ時間はそのままで、温度を変えてみることをおすすめします。
また、**オーブンがしっかり温まっていない可能性**も考えられますので、予熱を入れている時間を延ばしてみるのもいいでしょう。
私は同じ機種を2台ずつ持っていますが、経年や使用回数などにより温度・時間を調整しています。自分のオーブンのクセをできるだけ早く把握するといいパンが焼けるようになります。

13 この本のパンを作るときのタイムスケジュール

この本のパンを作るときは、発酵時間を計算してスケジュールを立てるとよいと思います。
発酵時間の計算は下記を参考にしてください。

1次発酵の時間の目安　　1 2 3 4 5 6 7 8 9 10 11 12 13 14 15 16 17…24 時間

春・秋（室温20〜24度）……室温 8〜10時間 → 冷蔵庫 9〜16時間
夏（室温25〜30度）…………室温 5〜 8時間 → 冷蔵庫12〜19時間
冬（室温13〜18度）…………室温15〜17時間 → 冷蔵庫 2〜 9時間

実際のタイムスケジュール例は、右ページにサンプルを作成しました。ご自分の生活スタイルに
合わせて、パン作りを始めていただけるとよいでしょう。
また、レーズン酵母で作るパンは、条件によって発酵時間が変わります。下記を参考に、必要に
応じて発酵時間を調整してみてください。

新しい酵母……酵母が出来上がって10日以内はスムーズに発酵が進みます。上の表を基準にし
ながら、発酵状態を目で確かめましょう。

古い酵母……酵母の力が弱くなっているので、上の表よりも発酵に時間がかかります。

イーストを併用……酵母が出来上がってから時間が経っている場合や冬場などは、インスタント
ドライイースト約0.2g（1g計量したうちの約1/5）を粉類に加えて発酵の手助けをしてもらう
とよいでしょう。イーストを使うと表の時間よりも発酵が早く進み、時間が安定します。
冷蔵庫に入れた後も生地の温度が下がるまで発酵が進むので、少し早めに冷蔵庫に入れるように
します。

冷蔵庫が冷たい……生地が冷たくなるので、2日目の作業を始める1時間くらい前に冷蔵庫から
出します。

冷蔵庫をよく開閉する……生地の温度が下がりにくいので、冷蔵庫の中で発酵が進みます。少し
早めに冷蔵庫に入れるようにします。

1 仕事を終えて帰宅後、19時頃から作る場合

1日目

計量&ミキシング　室温におく　｜1回目のパンチ｜2回目のパンチ　室温発酵　生地を冷蔵庫に入れる　冷蔵庫発酵

19：00		20：00		21：00		23：00
帰宅・着替え	夕飯作り開始	夕飯	夕飯片付け	お風呂＆リラックスタイム		就寝

2日目

生地を出す&オーブン予熱　成形　最終発酵　クープ＆焼成　焼き上がり！

19：00		20：00		21：00		22：00
帰宅・着替え	夕飯作り開始	夕飯	夕飯片付け			お風呂＆リラックスタイム

2 夕食を済ませて21時頃から作る場合

1日目

計量&ミキシング　室温におく　｜バスルームから顔を出して1回目のパンチ｜バスルームから顔を出して2回目のパンチ　室温発酵

21：00	22：00		23：00	24：00
帰宅・着替え	脱衣所で発酵＆お風呂＆リラックスタイム		お風呂を出て翌日の支度	就寝

2日目

生地を冷蔵庫に入れる　冷蔵庫発酵　生地を出す&オーブン予熱　成形　最終発酵　クープ＆焼成　焼き上がり！

6：00	21：00		22：00	23：00
起床・身支度	帰宅・着替え	テレビを見ながらリラックス＆お風呂	お風呂を出て翌日の支度	パンの香りと共に就寝

3 休日にじっくり！朝から作る場合

1日目

計量&ミキシング　室温におく　｜1回目のパンチ｜2回目のパンチ　室温発酵　生地を冷蔵庫に入れる　冷蔵庫発酵

8：00	9：00		15：00	16：00
朝食を終え片付け	家事をしながらパン作り		午後は外へお出かけ気になるカフェでお茶	帰宅＆夕飯作りなど

2日目

生地を出す&オーブン予熱　成形　最終発酵　クープ＆焼成　焼き上がり！

7：00	10：00		11：00	12：00
起床・身支度朝食など	のんびりとパン作り開始！難しい成形はYouTubeを見ながら		昼食の支度	焼きたてのパンでランチ！

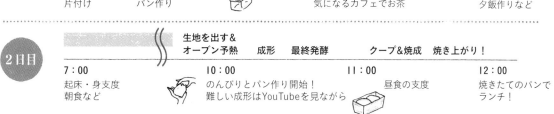

レーズン酵母を作りましょう

レーズン酵母について

「レーズン酵母」とは、レーズンに付着している酵母から起こす**自家製天然酵母**のことです。天然酵母の中には「インスタントドライイースト」や「ホシノ酵母」など、すでに培養されている酵母もありますが、自分で培養するのが自家製の酵母です。

余談ですが、インスタントドライイーストは、誰でも簡単に作れて発酵が安定する天然酵母の中では最強の素晴らしい酵母だと思っています。自家製酵母は主にフルーツなどから起こすものと、粉から起こすものがあります。フルーツではいちごやラ・フランス、レモンなど。ほかにもヨーグルトやハーブなど、様々なものから酵母を起こすことができます。今回紹介するレーズン酵母は、初心者の方でも失敗なく起こしやすく、パンを選ばずどんなパンにもよく合う酵母です。

材料（作りやすい量）

ドライレーズン…100g
グラニュー糖…25g
水…200g（32度くらいの水道水）
モルト…2g（あれば）

用意するもの

ビン…直径7.5cm、
高さ13cm程度のもの

---

point

・レーズンは製菓用のオイルコーティングされていないもの、開封してからあまり時間の経過していないものを使用しましょう。
・グラニュー糖は上白糖やきび糖でも構いません。
・ビンは新しいもの、また指定のサイズにできるだけ近いものを使用してください。
・モルトはなくても作れますが、入れると発酵しやすくなるのでできれば入れるのがおすすめです。

1
鍋にビンが完全につかるくらいの湯を沸かし、ぐつぐつした状態でビンと蓋を分けて入れ、5分ほど煮沸したら布巾にのせて自然乾燥させる。

※耐熱ではないビンは割れる場合があります

2
グラニュー糖とぬるま湯、あればモルトを入れ、グラニュー糖（とモルト）を溶かす。

3
レーズンを加え、蓋をして上下によく振る。暖かい場所に置き、朝晩1回ずつ数回攪拌し、その都度蓋を開ける。

1日目

ほとんど変わらない

2日目

レーズンが水分を含んで膨らむ

3日目

レーズンが浮遊し始め、泡が出てくる

【完成の目安】

・蓋が膨らむ

・レーズンが完全に浮く

・攪拌して蓋をゆるめると
「プシュ」「ポン」と
空気が抜ける音がして、
気泡が上がってくる

完成したら冷蔵庫で保存しましょう。1ヶ月程度は持ちます。出来上がるまではおよそ5日〜10日かかります。
季節によって完成までの日数が変わるので、写真を参考に酵母の状態を見て見極めてください。

point

気泡が上がってきている状態で蓋を完全に開けてしまうと、酵母が
流れ出てしまいます。蓋を少しゆるめ、気泡が収まるのを待ってか
ら蓋を開けるようにしましょう。また、蓋をきつくしめすぎると蓋
が開かなくなったり、ピンが割れたりする可能性がありますので、
きつくしめすぎないように気をつけてください。

【種つぎの仕方】

酵母が少なくなってきたら、残った酵母(前種)を種にして新しいレーズン酵母を起こすことができます。これを「種つぎ」といいます。種つぎをすると、新しい酵母が起こしやすくなります。

材料(作りやすい量)
ドライレーズン…100g
グラニュー糖…25g
水…200g(32度くらいの水道水)
モルト…2g(あれば)
前種…小さじ1またはレーズン4〜5粒

用意するもの
ビン…直径7.5cm、高さ13cm程度のもの

p.18 レーズン酵母の作り方と同様に作り、レーズンと一緒に前種を加える。蓋をして上下によく振る。暖かい場所に置き、朝晩1回ずつ数回攪拌し、その都度蓋を開ける。

完成したら冷蔵庫で保存しましょう。**冷蔵庫に入れてからは毎日攪拌して蓋を開ける必要はありません。**

レーズン酵母の効力

出来上がってすぐの酵母と、2週間経過した酵母では、生地を膨らませる力が違ってきます。時間を経過すればするほど酵母の力が弱くなります。**酵母の力を保てるのは大体1ヶ月くらいです。** 完成してから10日以上経過した酵母を使用するときは、インスタントドライイーストを0.2gほど併用しましょう。

酵母作りに使用したレーズンは？

酵母を起こすときに使用したレーズンにも、とてもいい酵母がたくさん含まれています。レーズンを絞って、含まれている酵母も全て使用しましょう。
完成したらすぐにレーズンを絞っても構いませんし、水分がなくなってから絞ってもどちらでも構いません。ちなみに私は水分がなくなってから絞ります。

【レーズンの絞り方】

両手でギュッと絞ってもいいですが、私は**排水溝ネット**に入れて絞っています。一気に絞るとネットが破けるので、徐々に力を強めてください。時間をかけて丁寧に絞ると、最後の一滴まで絞り切れ、写真のようにカラカラなかすだけが残ります。

---

point

「レーズンの搾りかすがもったいなくて、再利用する方法はありませんか？」とよく聞かれますが、私は搾りかすは処分しています。あなたはしっかり酵母を絞り切れていますか？
絞り切るとドリップコーヒーを入れた後の豆と同じようなかすだけが残ります(笑)。このかすは旨みなどが全部抜け切れているので、パンに入れても美味しくありません（経験済み）。「ありがとう」と言って処分しましょう。逆に絞り切れていないともったいないです。
とは言っても、やっぱり何かに使いたいという人向けに、この本では酵母作りに使用したレーズンを使ったパンやお菓子の作り方も紹介しています。

【レーズン酵母の失敗例】

・黴（かび）が生える

・泡が出ない

・レーズンがぐしゃぐしゃに潰れる

原因はいろいろありますが、ビンに異物が付着して残っている、レーズンが古い、濾過した水を使用するなどの場合は発酵しないことがあります。レーズンに付着している酵母が少なかったり、水が腐ったりすると酵母が起きません。上記の状態になったときは、次の項目をチェックしてみてください。

CHECK LIST

うまく作れなかったときのチェックリスト

□ ビンは正しいサイズですか？

□ 煮沸はしましたか？

□ ビンはほかのものが入っていたもの（市販のジャムやパスタソースの
　空きビンなど）を使用していませんか？

□ 水道水を使用しましたか？

□ レーズンはおつまみ用（オイルコーティングされているもの）では
　ありませんか？

□ 古いレーズンを使っていませんか？

パン作りに大切なこと

パンは生き物、作っている人の感情が入ってくるものだと思います。

楽しく作っていれば、パンはそれに応えてくれる。

クープがちゃんと開くかな、かっこよく焼けるかな、なんて心配しないで。

心から楽しんでパン作りをしていれば、形の悪さなんて関係ありません。

パンに対して、食べる人に対して、愛情をいっぱいつめこんでください。

形なんてカットしちゃえばわからないしね。

初めてパンを焼いたときのことを思い出してください。

きっと今より数段かっこ悪かったはず。

でも……

嬉しかったでしょう?

家族も「わー!」って笑顔で喜んでくれたでしょう?

初めてパンを焼いたときの、

あの気持ちをいつまでも忘れないでほしい。

パンの変化も楽しんで

「パンは焼きたてが1番美味しい」って思っていませんか?

焼きたてよりも次の日のほうが美味しいことがあります。

この本のほとんどのパンは、

焼きたてはもちろん、2日目はさらに美味しくなります。

もしかして次の日まで残らないかな?

たまには1日我慢して(笑)焼き上がったパンの変化も

楽しんでもらえたらとても嬉しいです。

この本で紹介しているパンのレシピには、YouTube動画で作り方を確認できるものがあります。また、松尾美香の「日本一やさしいパン作りチャンネル」では、この本で紹介したパン以外の作り方もたくさん紹介しています。ぜひチェックしてみてください。
一緒にご自宅でのパン作りを楽しみましょう！

▶日本一やさしいパン作りチャンネル
https://www.youtube.com/channel/UCRiozwVYXalXwKYPQZk1JJw

Lesson 1
バゲット

多少形が悪くても、クープがしっかり
開いていたら美味しいはず。耳をすましてみて。
天使のささやきが聞こえましたか？

（《 基本のバゲット 》）

材料（25〜27cm 2本分）
A ⌈ リスドォル…230g
  ⌊ 塩…4.1g
B ⌈ レーズン酵母…40g
  │ 水…95g
  │ モルト…2g
  ⌊ コントレックス…30g

1日目 ··

1

Aの粉類をよく混ぜておく。

※ビニール袋に入れて振ると簡単に混ざります

2

タッパーにBを入れる。混ぜ合わせたAを加え、ゴムベラで粉気がなくなるまでよく混ぜる。

3

粉気がなくなったらゴムベラで生地を引っ掛けるようにしてすくい、切れる直前まで引っ張って二つ折りに落とす。

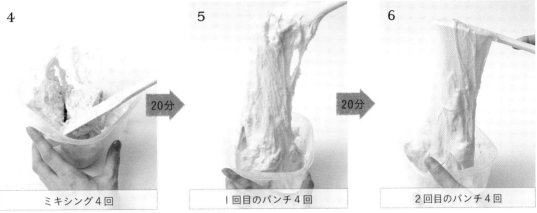

4

20分 →

ミキシング4回

タッパーを90度ずつ回転させながら、生地を引っ張って落とすのを合計4回繰り返す。蓋をして20分室温におく。

5

20分 →

1回目のパンチ4回

20分経ったら再度生地をゴムベラに引っ掛けて伸ばし、二つ折りに落とす。タッパーを回転させながら合計4回行う。蓋をして20分室温におく。

6

2回目のパンチ4回

20分経ったら、手順5同様、タッパーを回転させながら生地を4回伸ばす。

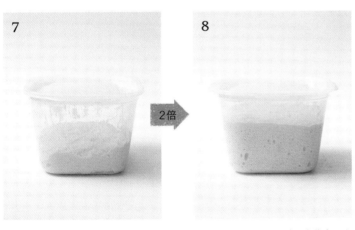

7

2倍 →

蓋をして室温におき、発酵させる。

8

生地が2倍に膨らんだら冷蔵庫に入れる。

室温＋冷蔵庫で
17〜24時間発酵

2日目

1

最終膨倍率2〜2.2倍。オーブンに天板を入れ、最高温度で予熱を入れる。

2

生地の上に打ち粉をし、生地とタッパーの間にカードを差し込んで隙間をあけて、タッパーを逆さにして生地を出す。

3

200gに2分割する。

※分割は必ずスケールできっちりと量りましょう

4

手前からゆるく巻く。向きを90度変え、巻き終わりを上にしてさらにひと巻きする。

5

もう一つも同様にプレ成形し、20分室温で休ませる。その間にキャンバス地を用意しておく。

6

生地の両面に打ち粉をし、巻き終わりを上にして両手で持ちあげ、左右にやさしく引っ張って伸ばし台におく。

7

手前から1/3折り、生地の端から2
mm内側を指先で軽く押さえる。

8

さらに生地を向こう側から二つ折り
にして、生地の端から2mm内側を指
先で軽く押さえる。

9

生地が張るように二つ折りにしなが
ら、合わせ目をしっかりとじる。

10

両手で生地を転がし26cmくらいに伸
ばす。

11

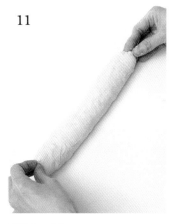

両端をつまむ。

12

とじ目を下にしてキャンバス地にの
せ、山を作る。残りも同様にし、35
℃で30分発酵させる。

※必ず成形時手前だった部分をクリッ
プのある方向におくこと。逆にすると
クープが開きません
※発酵器がない場合は、生地の上に余
っているキャンバス地をかけ、室温で
暖かい場所においておく

13

30分後。打ち粉をした指先で生地の横を軽く押して、指の跡が残る、もしくはゆっくり生地が戻ってくるようになれば発酵終了。冷蔵庫に入れて15分おく。

14

生地取り板に生地をのせ、オーブンシートに移動させる（p.13参照）。

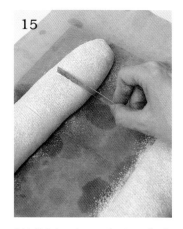

15

打ち粉をし、右ページのクープの入れ方を参考にクープのガイドラインを入れる。

※慣れたらガイドラインなしでクープを入れてみましょう

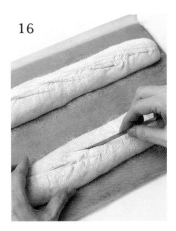

16

クープを4本入れる。クープの入れ方はp.33参照。

17

生地の上にオーブンシートを被せ、温めておいた天板の上にオーブンシートごと生地を移し、被せたオーブンシートが飛ばないように磁石をおく。

18

スチームを入れて最高温度のまま5分焼き、5分経ったらオーブンシートを外し、温度を240℃に下げて13分焼く。焼き上がったらケーキクーラーにのせ冷ます。

※スチームの入れ方はp.15参照

point

クープの入れ方

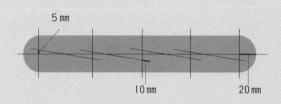

クープは切ろうとしないで一気にナイフを引きましょう！ ナイフをゆっくり動かすと、生地に引っ掛かりうまくクープが入りません。クープを入れた後、生地がギザギザになっていたらクープナイフがうまく引けていないということです。家庭用のオーブンでは深めに入れないとクープが開きにくいので、深さ2〜3㎜くらいがベストです。

クープナイフについて

クープナイフは一体タイプと替え刃タイプの2種類があります。本書では一体タイプ（ビクトリノックス）のナイフを使用しています。力を抜いてナイフを持ち、刃が生地と平行に、少し窪むくらいにおきます。そのままスーッとナイフを引くようにカットします。入れ終わりはナイフを止めずに力を抜くようにしてください。
替え刃タイプの場合は、刃の膨らみの外側を自分のほうに向けて持ちます。刃の角5㎜を生地に当て、同様にスーッとナイフを引くようにカットします。クープナイフがない場合は、ペティナイフなどで代用してください。

バゲットのおすすめカット

バゲットを切るときは、上から下に向かって少し斜めにナイフを入れます。
パンの厚さは1㎝くらいがおすすめです。

バゲットを縦にカットするのも、味わいが変わって美味しいです。トーストしてバターを塗ったりガーリックトーストにしたり、ピザ用チーズをのせて焼くのに向いています。

バゲット ショコラ

材料（25〜27cm　2本分）

A ┌ リスドォル…220g
　├ ココア（無糖）…11g
　└ 塩…4g
B ┌ レーズン酵母…40g
　├ 水…100g
　├ モルト…2g
　└ コントレックス…30g
チョコレート…20g
オレンジピール…30g

下準備

チョコレートは1cm弱角程度に刻む
（2日目に使用）。

1日目

20分　　I回目のパンチ4回

2回目のパンチ4回

ミキシング4回

2倍

室温＋冷蔵庫で
17〜24時間発酵

p.28基本のバゲット1日目と同様に作る。

2日目

1

最終膨倍率2〜2.2倍。オーブンに天板を入れ、最高温度で予熱を入れる。

2

203gずつ2分割し、p.30基本のバゲット2日目の手順4〜手順8まで同様に作る。

3

生地の中心にオレンジピール、チョコの順番にのせる。

4

生地を向こう側から二つ折りにし、しっかりとじる。軽く転がして26cmに整え、両端をつまむ。

5

p.31手順12以降と同様に、35℃で30分発酵させ、冷蔵庫に15分入れてからクープを入れて最高温度で5分、240℃に下げて13分焼く（p.32参照）。

※チョコレートが溢れ出てしまうことがあるので、クープはあまり深く入れないこと

バゲット アマンド

材料（25〜27cm 2本分）

A［ リスドォル…180g
　 イーグル…15g
　 アーモンドプードル…25g
　 砂糖…8g
　 塩…4g
　 アーモンド…20g

B［ レーズン酵母…40g
　 水…90g
　 コントレックス…20g
　 溶かしバター（無塩）…20g

下準備

アーモンド20gは160度で10分ロース
トし、2〜3mm角にカットする。

1日目

室温＋冷蔵庫で
17〜24時間発酵

20分　20分　2倍

ミキシング4回　1回目のパンチ4回　2回目のパンチ4回

Aの粉類と下準備したアーモンドをよく混ぜ合わせる。p.28基本のバゲット1日目と同様に作る。

2日目

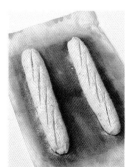

最終膨倍率2〜2.2倍。p.30基本のバゲット2日目の手順2までと同様にしてタッパーから出し、
211gずつ2分割する。手順18まで同様に作り、最高温度で5分、240℃に下げて13分焼く。

バゲット（クープ1本）

材料（20〜23cm 3本分）

A ┌ リスドォル…190g
  │ イーグル…20g
  └ 塩…3.5g
B ┌ レーズン酵母…35g
  │ 水…100g
  └ コントレックス…25g

1日目

ミキシング4回

20分

1回目のパンチ4回

20分

2回目のパンチ4回

2倍

室温＋冷蔵庫で
17〜24時間発酵

p.28基本のバゲット1日目と同様に作る。

2日目

1

最終膨倍率2〜2.2倍。オーブンに天板を入れ、最高温度で予熱を入れる。

2

p.30基本のバゲット2日目の手順2までと同様にしてタッパーから出し、124gずつ3分割する。

3

対角にある生地の1ヶ所を中心に持ってきて、室温で10分休ませる。

4

折った箇所が正面になるようにおき、上部の生地を中心に向かって持ってくる。

5

生地の端に親指を添わせて、向こう側に押す。

6

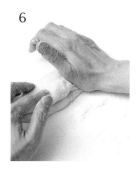

さらに二つ折りにして端の合わせ目をしっかりとじ、両端が細くなるように軽く転がし、とじ目を下にしてキャンバス地にのせる。

7

残りも同様に成形し、35℃で30分発酵させる。発酵器がない場合は、生地の上に余っているキャンバス地をかけ、室温の暖かい場所におく。

8

30分後。打ち粉をつけた指先で生地の横を軽く押して、指の跡が残る、もしくはゆっくり生地が戻ってくるようになれば発酵終了。

9

とじ目が上になるように生地をオーブンシートに移し、打ち粉をふってクープを1本入れる。p.32手順17〜18を参考に最高温度で5分、230℃に下げて8分焼く。

point

このバゲットは1本のクープが開きやすいように、とじ目を上にしてクープを入れます。
生地取り板で最初に折った布のほうに生地を反転させてます。とじ目が上になった状態から板にのせ、オーブンシートに移動させると、とじ目が上になっています。

動画で作り方を確認できます！

https://youtu.be/IPQksmq4uj4

フロマージュエピ

材料（23〜25cm 2本分）

A リスドォル…200g
　塩…3.6g
B レーズン酵母…35g
　水…90g
　モルト…2g
　コントレックス…25g
プロセスチーズ…40g
白ごま…適量

下準備
チーズは5mm角程度に細かく刻み、
2日目に使用する。

1日目

ミキシング4回　→20分→　1回目のパンチ4回　→20分→　2回目のパンチ4回

→2倍→

室温＋冷蔵庫で
17〜24時間発酵

p.28基本のバゲット1日目と同様に作る。

2日目

1

最終膨倍率2〜2.2倍。オーブンに天板を入れ最高温度で予熱を入れる。

2

p.30基本のバゲット2日目の手順2までと同様にしてタッパーから出し、178gずつ2分割する。手順8まで同様に作る。

3

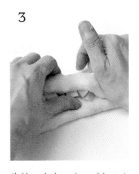

生地の中心にチーズをのせ、向こう側から二つ折りにして端をしっかりとじる。

4

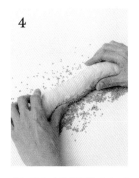

台に白ごまを広げその上で生地を転がし、全体にごまをつける。もう一本も同様にする。

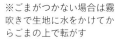

※ごまがつかない場合は霧吹きで生地に水をかけてからごまの上で転がす

5

とじ目を下にしてキャンバス地にのせ、35℃で30分発酵させる。打ち粉をつけた指先で生地の横を軽く押して、指の跡が残る、もしくはゆっくり生地が戻ってくるようになれば発酵終了。

6

生地取り板に生地をのせ、オーブンシートに移動させる。ハサミを生地に対して45度の角度で当て、刃先でオーブンシートをカットするくらい深くカットする。2cm幅でカットし、カットするたびに左右に生地を移動させる。

7

p.32の手順17〜18と同様に最高温度で5分、240℃に下げて10分焼く。

---

point

形が特徴的なエピはフランス語で「麦の穂」の意味。パン屋さんではベーコンエピが多いですが、チーズを入れたものも美味しいです。チーズはお好みのものを、ごまは香ばしいアクセントになるのでぜひまんべんなくまぶしてください。

バゲット ポルチーニ

材料（20〜23cm　3本分）

A ┌ リスドォル…165g
　├ 全粒粉…55g
　├ ドライポルチーニ…6g
　└ 塩…4g
B ┌ レーズン酵母…40g
　├ 水…100g
　└ コントレックス…25g

下準備

ドライポルチーニはミルやフードプロセッサーで粉砕する。

※スーパーのイタリアンの食材コーナーにおいてあります。パスタやリゾットに使ってもとても美味しい食材です

1日目

室温＋冷蔵庫で
17〜24時間発酵

| ミキシング4回 | 1回目のパンチ4回 | 2回目のパンチ4回 |

Aの粉類と下準備したポルチーニをよく混ぜ合わせる。p.28基本のバゲット1日目と同様に作る。

2日目

最終膨倍率2〜2.2倍。p.30基本のバゲット2日目の手順2までと同様にしてタッパーから出し、130gずつ3分割する。p.37バゲット（クープ1本）2日目の手順2〜8まで同様に作る。生地をオーブンシートに移し、打ち粉をしてクープを2本入れる。p.32の手順17〜18を参考にして最高温度で5分焼き、230℃に下げて8分焼く。

※1本クープと似ていますが、こちらはとじ目が下の状態でクープを入れます

Lesson 2
カンパーニュ

食べるときは1cmにスライスしたりケーキのように厚めにカットしたり、
厚さによっていろんな食感が楽しめます。

パン ド カンパーニュ

材料（約22cm 1個分）

A ┌ リスドォル…140g
  │ イーグル…50g
  │ ライ麦粉（中挽）…50g
  └ 塩…4.3g

B ┌ レーズン酵母…40g
  │ 水…105g
  │ モルト…1g
  └ コントレックス…30g

1日目

1

Aの粉類は軽く混ぜ合わせておく。ビニール袋などに入れて振って混ぜ合わせてもよい。

2

タッパーにBを入れて1を加え、ゴムベラで粉気がなくなるまでよく混ぜる。

20分

3

ミキシング7〜8回

粉気がなくなったら、ゴムベラに生地を引っ掛けて切れる直前まで引っ張って二つ折りに落とす。タッパーを少しずつ回転させながら7〜8回行い、生地を伸ばす。蓋をして、20分室温におく。

20分

4

1回目のパンチ7〜8回

20分経ったら、生地をゴムベラに引っ掛けて伸ばし、二つ折りする。これを7〜8回繰り返す。蓋をして20分室温におく。

5

2回目のパンチ7〜8回

20分経ったら手順4同様、もう7〜8回生地を伸ばす。

2倍

6

タッパーの蓋をして室温で発酵させる。

7

約2倍まで生地が発酵したら冷蔵庫に入れる。

室温＋冷蔵庫で
17〜24時間発酵

2日目

1

最終膨倍率2～2.2倍。オーブンに天板を入れ、最高温度で予熱を入れる。

2

15cmのボウルの上に布巾をのせてたっぷりと打ち粉をふるう。

3

生地の上に打ち粉をする。生地とタッパーの間にカードを差し込んで隙間を作り、タッパーを逆さにして生地を出す。

4

生地の厚い部分を押しながら外側に少し広げ、生地を平らにする。

5

上部の生地を中心に持ってくる。同じように反時計回りに生地を回転させながら、外側の生地を中心に集めるように丸める。

6

集めた中心部分をしっかりととじる。

7

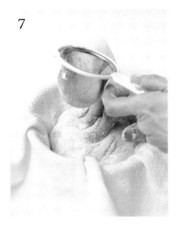

とじ目を上にして生地をそっとボウルに入れ、生地のサイドにも打ち粉をふるう。35℃の発酵器で50分発酵させる。

8

発酵後。1.5〜1.8倍まで膨らむ。

9

ボウルの上にオーブンシート・板をのせ、ひっくり返して生地をオーブンシートに移す。

10

生地の下から上に向かって十字にクープを入れる。生地の上にオーブンシートを被せてオーブンに入れ、スチーム（p.15参照）を入れて最高温度のまま5分間焼く。
5分経ったらオーブンシートを外し、温度を240℃に下げて20分焼く。

カンパーニュ ショコラ

材料（約22cm 1個分）

A
- リスドォル…190g
- 全粒粉…25g
- ココア（無糖）…18g
- 塩…4g
- カカオニブ（あれば）…15g

B
- レーズン酵母…50g
- 水…120g
- コントレックス…30g

ヘーゼルナッツ…20g
チョコレート…30g

フィグの赤ワイン煮
ドライフィグ…80g
赤ワイン…40g

※カカオニブはチョコレートの原料であるカカオ豆をローストし細かく砕いたもの。スーパーフードとしても人気です

下準備

フィグの赤ワイン煮を作る。ドライフィグと赤ワインを鍋に入れ、弱火でフィグがやわらかくなるまで煮る。1.5cm角にカットする。
ヘーゼルナッツは160度のオーブンで10分ローストし、水に15分浸けよく水切りする。
チョコレートは1cm角にカットする。

1日目

1

Aの粉類はビニール袋に入れて振り、よく混ぜ合わせておく。ボウルなどでホイッパーで混ぜ合わせてもよい。

2

ミキシング2回

タッパーにBを入れて1を加え、ゴムベラで粉気がなくなるまでよく混ぜる。粉気がなくなったら、ゴムベラに生地を引っ掛けて切れる直前まで引っ張り、二つ折りに落とすのを2回繰り返す。

3

具を入れる →

ミキシング7〜8回

20分 →

2に下準備しておいた具を加え、タッパーを少しずつ回転させながら、ゴムベラに生地を引っ掛けて引っ張るのを7〜8回繰り返す。蓋をして20分室温におく。

4

1回目のパンチ7〜8回

20分 →

手順3同様、7〜8回生地を伸ばす。蓋をして20分室温におく。

5

2回目のパンチ7〜8回

さらに7〜8回生地を伸ばす。

6

2倍

蓋をして、室温で発酵させる。

7

2倍になったら冷蔵庫に入れる。

室温+冷蔵庫で
17〜24時間発酵

2日目

最終膨張倍率2.2倍。p.44 パン ド カンパーニュ2日目の手順1〜9まで同様に作る。細かいクープを浅めに入れて、p.45 手順10と同様に最高温度で5分、240℃に下げて20分焼く。

※表面にフィグが出ないよう、見つけたら中に戻すように押し込みながら成形してください

point
_____

フィグやチョコレートが表面に出ないように、細かいクープをたくさんいれます。クープが深すぎると具が出てきてしまうので気をつけて。

雑穀カンパーニュ

材料 (20〜22cm 1個分)

A ┌ リスドォル…180g
  │ 全粒粉…20g
  │ ライ麦粉 (中挽)…25g
  └ 塩…4.5g

B ┌ レーズン酵母…40g
  │ 水…108g
  └ コントレックス…25g

C ┌ 雑穀ミックス…30g
  └ 熱湯…30g

下準備

Cの雑穀ミックスと熱湯を混ぜ合わせ、
2時間おいて冷ましておく。

※雑穀ミックスはスーパーで売られている
白米に混ぜて炊くものを使用しています

1日目

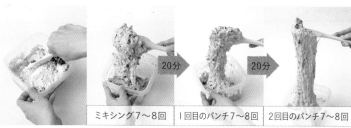

室温+冷蔵庫で
17〜24時間発酵

ミキシング7〜8回　|　1回目のパンチ7〜8回　|　2回目のパンチ7〜8回

2倍

タッパーにBを入れ、よく混ぜたAと冷ましたCを加えてゴムベラで粉気がなくな
るまでよく混ぜる。p.43 パン ド カンパーニュ1日目の手順3〜7まで同様に作る。

2日目

最終膨倍率2.2倍。p.44 パン ド カンパーニュ2日目の手順1〜9まで同様に作る。
#のクープを入れ、四隅に1本ずつ横線を入れたら、p.45 手順10と同様に最高温度
で5分、240℃に下げて20分焼く。

動画で作り方を
確認できます!

https://youtu.be/b0C_N-fOXGc

カンパーニュ シトラス

材料(約23cm 1個分)

A ┌ リスドォル…165g
 │ 全粒粉…40g
 │ ライ麦…25g
 └ 塩…4.1g
B ┌ レーズン酵母…45g
 │ 水…120g
 └ コントレックス…25g
オレンジピール…45g
レモンピール…50g
アーモンド…25g

下準備

アーモンドは160度のオーブンで10分
ローストし、水に15分浸けよく水を切
って5mmくらいにカットする。

1日目

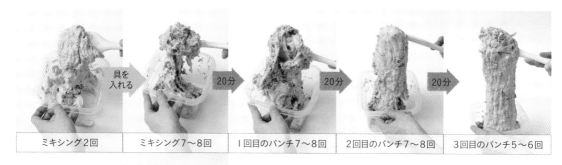

ミキシング2回	ミキシング7〜8回	1回目のパンチ7〜8回	2回目のパンチ7〜8回	3回目のパンチ5〜6回

具を入れる　20分　20分　20分

2倍

室温＋冷蔵庫で
17〜24時間発酵

p.46カンパーニュ ショコラ1日目の手順 **1** 〜**7**まで同様に作り、蓋をして20分室温におく。20
分経ったらもう5〜6回生地を伸ばし、蓋をして室温で2倍になるまで発酵したら冷蔵庫に入れる。

2日目

1

最終膨倍率2.2倍。オーブンに天板を入れ、最高温度で予熱を入れる。18cmのボウルの上に布をふんわりかけて、たっぷりと打ち粉をふるう。

2

生地の上に打ち粉をする。生地とタッパーの間にカードを差し込んで隙間を作り、タッパーを逆さにして生地を出す。

3

上部の生地を中心に持ってくる。同じように反時計回りに生地を回転させながら中心に集める。

4

1周したら半分に折って楕円型になるよう合わせ目をしっかりとじる。

5

とじ目を上にして生地をそっとボウルに入れる。35℃で60分発酵させる。

6

約1.5倍になったら発酵終了。ボウルの上にオーブンシート・板をのせ、ひっくり返して生地を移す。

7

格子状にクープを入れ、生地の上にオーブンシートを被せてオーブンに入れ、スチーム（p.15参照）を入れて最高温度のまま5分間焼く。5分経ったらオーブンシートを外し、温度を240℃に下げて20分焼く。

よもぎのカンパーニュ

材料（約25cm 1個分）

A リスドォル…250g
　 よもぎパウダー…5g
　 塩…4.6g

B レーズン種…40g
　 水…130g
　 コントレックス…30g

クルミ…40g
あんこ（市販のもの）…150g

※よもぎパウダー…よもぎ
を使いやすいように乾燥さ
せパウダー状にしたもの

下準備

クルミは160度の160度のオ
ーブンで10分ローストし、水
に15分浸けよく水切りする。

1日目

1

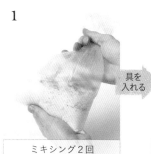

具を入れる →

ミキシング2回

p.46カンパーニュ ショコ
ラ1日目の手順1〜2と同
様に材料を混ぜ合わせ、2
回生地を伸ばす。

2

← 20分 →

ミキシング7〜8回

クルミを加えたらさらに7
〜8回生地を伸ばし、蓋を
して20分室温におく。

3

← 20分

1回目のパンチ7〜8回

7〜8回生地を伸ばし、蓋
をして20分室温におく。

4

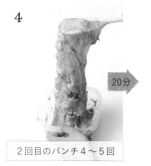

20分 →

2回目のパンチ4〜5回

4〜5回生地を伸ばし、蓋
をして20分室温におく。

5

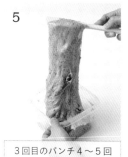

3回目のパンチ4〜5回

さらに4〜5回生地を伸ば
す。

6

室温＋冷蔵庫で
17〜24時間発酵

1.8倍

タッパーに蓋をして、室温で1.8倍くらいになるまで
発酵したら冷蔵庫に入れる。

52

1

最終膨倍率2.2倍。オーブンに天板を入れ、最高温度で予熱を入れる。18cmのボウルの上に布をのせてたっぷりと打ち粉をふるう。

2

p.44 パン ド カンパーニュ2日目の手順1〜3と同様にして生地を出し、中央より上にあんこ1/6くらいをのせ、上部にある生地を中心に持ってくる。

3

生地を反時計回りに回しながら、中心に持ってくるたびにあんこの残り1/5ずつのせ1周する。

4

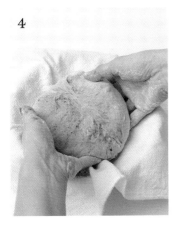

集めた生地の中心をしっかりとじ、とじ目を上にしてボウルにそっと入れ、35℃で50分発酵させる。

5

発酵終了。約1.5倍になったらオーブンシートに生地を出し、細かいクープを浅めに入れる。

6

p.45 手順10と同様にして最高温度で5分、240℃に下げて25分焼く。

point

あんこが溢れ出ないように細かめのクープをたくさん入れます。このパンはよもぎを使用したので、葉っぱ模様のクープを3つ入れました。

マンゴーカンパーニュ

材料（約22cm 1個分）

A ┌ リスドォル…145g
　│ 全粒粉…60g
　│ ライ麦粉（中挽）…35g
　└ 塩…4.3g

B ┌ レーズン酵母…50g
　│ マンゴージュース…85g
　└ コントレックス…25g

C ┌ ドライマンゴー…90g
　└ マンゴージュース…95g

マカデミアナッツ…35g

point

今回は南国っぽさを意識した
クープにしてみました。クー
プに決まりはありません。自
由に楽しんでみてください。

下準備

Cのドライマンゴーを2cmにカットし、マンゴージュース（95g）と合わせて4時間以上
おいておく。ジュースはマンゴー100％でなくても、マンゴー入りのフルーツミックス
ジュースなどでもよい。
マカデミアナッツは160度のオーブンで10分ローストし、水に15分浸けよく水切りする。

1日目

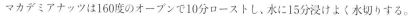

室温＋冷蔵庫で
17〜24時間発酵

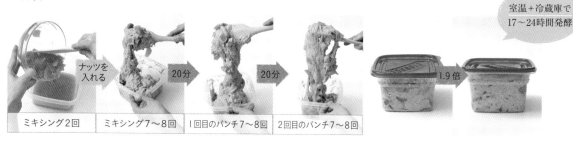

ナッツを入れる | ミキシング2回 | ミキシング7〜8回 | 20分 | 1回目のパンチ7〜8回 | 20分 | 2回目のパンチ7〜8回 | 1.9倍

p.46カンパーニュショコラ1日目の手順1〜3を参考に、BとCを入れたタッパーにAを加えて材料を混ぜ合
わせて2回生地を伸ばしてからマカデミアナッツを加え、7〜8回ミキシングをしたら蓋をして30分室温におく。
p.46手順4〜6まで同様にして室温で発酵させ、1.9倍になったら冷蔵庫に入れる。

2日目

最終膨倍率2〜2.2倍。p.44 パン ド カンパーニュ2日目の手順1〜9まで同様に作る。自由にクープを入れた
ら生地の上にオーブンシートを被せてオーブンに入れ、スチーム（p.15参照）を入れて最高温度のまま5分間焼く。
5分経ったらオーブンシートを外し、温度を240℃に下げて25分焼く。

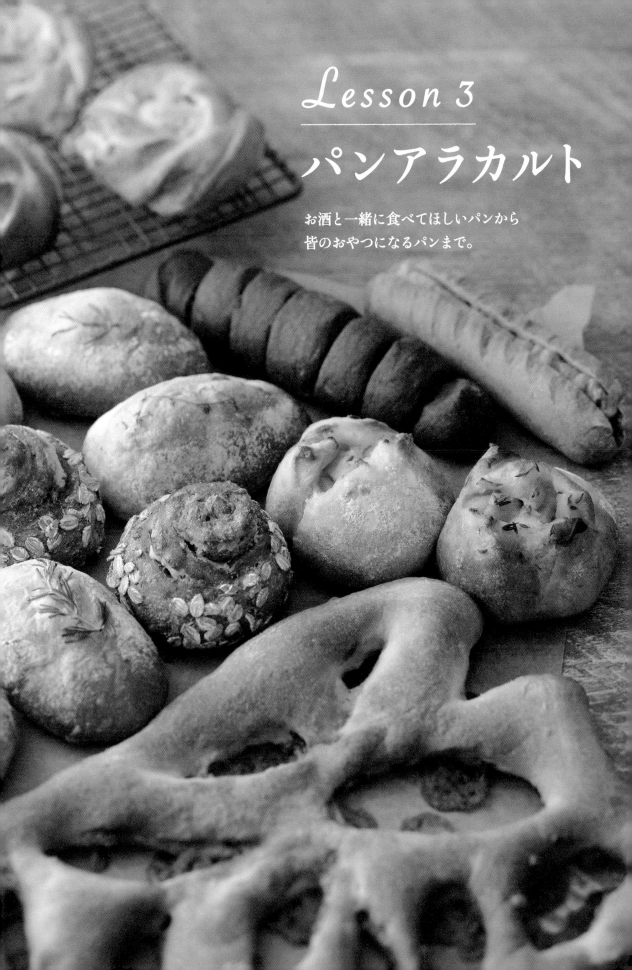

Lesson 3

パンアラカルト

お酒と一緒に食べてほしいパンから
皆のおやつになるパンまで。

ハニージンジャー

材料（約21cm 1個分）

A ┌ リスドォル…150g
　│ イーグル…50g
　│ ライ麦粉（中挽）…80g
　└ 塩…5g

B ┌ レーズン酵母…50g
　│ 水…130g
　│ モルト…1g
　└ コントレックス…30g

ハニージンジャー（作りやすい量）
生姜…1袋、　　※下準備を参照して作り、
はちみつ…適量　40gを使用

下準備

ハニージンジャーを
作る。生姜の皮をむ
いて千切りにし、3
回ゆでこぼしたらは
ちみつをひたひたに
加え弱火で10分煮る。
20分以上冷まして
出来上がり。

※冷蔵庫で2ヶ月保存できます

1日目

1

具を入れる → ミキシング2回 → ミキシング8回
30分 → 1回目のパンチ7〜8回
20分

p.46 カンパーニュ ショコラ1日目の手順1〜3までを参考に材料とハニージンジャーを混ぜ合わせ、8回生地を伸ばしたらタッパーの蓋をして30分室温におく。

2

タッパーを回転させながら7〜8回生地を伸ばし、蓋をして30分室温におく。

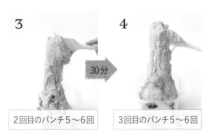

3

30分 → 2回目のパンチ5〜6回

手順2同様、5〜6回、生地を伸ばす。蓋をして20分室温におく。

4

3回目のパンチ5〜6回

30分経ったら蓋をあけ、5〜6回生地を伸ばす。

5

1.8倍

蓋をして室温で発酵させ、1.8倍になったら冷蔵庫に入れる。

室温＋冷蔵庫で
17〜24時間発酵

2日目

1

最終膨倍率2〜2.2倍。オーブンに天板を入れ、最高温度で予熱を入れる。18cmのボウルに布巾をのせ、打ち粉をふるう。

2

p.44 パン ド カンパーニュ2日目の手順1〜6と同様にして生地を丸める。

3

とじ目を下にして生地をそっとボウルに入れる。35℃で60分発酵させる。

4

ボウルの上にオーブンシートと板をのせ、ひっくり返して生地を移す。生地の上にオーブンシートを被せてオーブンに入れ、スチーム（p.15参照）を入れて最高温度のまま5分間焼く。5分経ったらオーブンシートを外し、温度を240℃に下げて22分焼く。

57

ハーブパン

材料（約10cm 6個分）

A ┌ リスドォル…100g
  │ イーグル…50g
  │ セモリナ粉…40g
  └ 塩…3.5g
B ┌ レーズン酵母…30g
  └ 水…110g
フレッシュローズマリー
　…大さじ1＋飾り用1本
フレッシュタイム
　…大さじ1＋飾り用1本

下準備

ハーブ類は飾り用を残し、それ以外は
茎からちぎる。

1日目

1

ミキシング2回

Aの粉類を混ぜ合わせてB
を入れたタッパーに加え、
ゴムベラで粉気がなくなる
までよく混ぜる。ゴムベラ
に生地を引っ掛けて切れる
直前まで引っ張り、二つ折
りに落とすのを2回行う。

→ 具を入れる →

2

ミキシング8回

下準備でちぎったハーブ類
を加える。タッパーを回転
させながら、手順1同様に
生地を8回伸ばし、蓋をし
て30分室温におく。

→ 30分 →

3

1回目のパンチ5回

手順2同様に5回生地を伸
ばして、30分室温におく。

※伸ばしにくいときはタッパ
ーから生地を出し、両手に持
って伸ばして二つ折りにする
のを繰り返しましょう

→ 30分 →

4

2回目のパンチ4〜5回

タッパーを回転させながら
4〜5回生地を伸ばす。

5

→ 1.9倍 →

タッパーに蓋をして室温で
発酵させる。

6

1.9倍になったら冷蔵庫に
入れる。

室温＋冷蔵庫で
17〜24時間発酵

2日目

1

最終膨倍率2～2.2倍。オーブンに天板を入れ、最高温度で予熱を入れる。

2

生地の上に打ち粉をし、生地とタッパーの間にカードを差し込み隙間を作って生地を出す。55gずつ6分割する。

3

向こう側から生地の1/3を持ってきて、重ねた生地の端を指で押さえる。

4

さらに二つ折りにして合わせ目をしっかりとじる。

5

両サイドをつまみ、とじ目を下にしてキャンバス地にのせる。35℃で40分発酵させる。

6

オーブンシートに生地を移し、打ち粉をふるってクープを1本入れる。

7

クープの上に飾り用のハーブをのせ、生地の上にオーブンシートを被せてオーブンに入れる。スチーム(p.15参照)を入れて最高温度のまま5分間焼く。5分経ったらオーブンシートを外し、温度を210℃に下げて8分焼く。

動画で作り方を確認できます！

https://youtu.be/piLbrRPLZRE

point

乾燥ハーブを使う場合は生地用を各小さじ1に変えてください。ハーブは香りが格段によくなるので、ぜひフレッシュを使うことをおすすめします。

フガス

材料（約28cm 1個分）

A ┃ リスドォル…180g
　┃ 塩…3g
B ┃ レーズン酵母…25g
　┃ 水…95g
ブラックオリーブ（種なし）…5粒
ピザ用チーズ…40〜45g
エルブドプロヴァンス…お好みで

※エルブドプロヴァンスは南仏地方の
ミックスハーブです。スーパーや食料
品店のスパイスコーナーなどで購入で
きます

下準備

ブラックオリーブはカー
ドで5mm角くらいにカッ
トする（2日目に使用）。

1日目

1

Bを入れたタッパーに軽く
混ぜ合わせたAを加え、ゴ
ムベラで粉気がなくなるま
でよく混ぜる。

2

ミキシング5〜6回

生地を両手で持って、ゆっ
くり左右に引っ張る。

3

20分

引っ張った生地を二つ折り
にたたむ。この引っ張って
たたむ作業を向きを変えな
がら5〜6回繰り返す。タ
ッパーに蓋をして20分室
温におく。

4

パンチ5〜6回

再び生地を両手に持ち引っ
張って二つ折りにする。向
きを変えながら5〜6回繰
り返す。

5

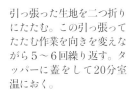

1.6倍

生地をタッパーに戻して蓋
をし、室温で発酵させる。

6

室温＋冷蔵庫で
17〜24時間発酵

生地が約1.6倍になったら
冷蔵庫に入れる。

61

1

最終膨倍率1.8〜2倍。オーブンに天板を入れ、最高温度で予熱を入れる。

2

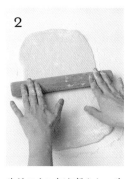

生地の上に打ち粉をし、生地とタッパーの間にカードを差し込み隙間を作って生地を出す。表面に打ち粉をしてめん棒で40×20cmくらいに伸ばす。

3

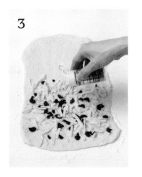

生地の手前半分にブラックオリーブとピザ用チーズ、エルブドプロヴァンスを散らす。

4

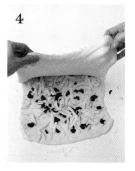

生地の奥半分をカードではがし、具の上に被せる。

5

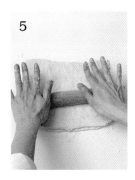

めん棒で軽く伸ばす。

6

カードの丸い部分を使ってランダムに切り込みを入れる。

7

カードで生地をはがしてオーブンシートにのせ、切り込みを広げる。35℃で30分発酵させる。

8

生地の厚さが2倍くらいになったらオーブンの温度を240℃に下げて10分焼く。

スパイシーチーズ

材料（約16cm 2個分）

A
- リスドォル…190g
- 塩…3.5g
- スパイスミックス…5g

B
- レーズン酵母…30g
- 水…90g
- コントレックス…20g

ゴルゴンゾーラチーズ…50g

下準備

ゴルゴンゾーラは5mm角にカットし、2等分にして使用する直前まで冷蔵庫に入れておく（2日目）。

※スパイスミックスは製パン用を使用。オニオン、レッドベルペッパー、ローズマリー、アジョワンなどが入っています

1日目

1

Aの粉類を混ぜ合わせてBを入れたタッパーに加え、ゴムベラで粉気がなくなるまでよく混ぜる。

2
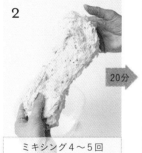

ミキシング4〜5回

p.61 フガス1日目の手順2〜3を参考に4〜5回生地を伸ばし、タッパーに蓋をして20分おく。

→ 20分

3

1回目のパンチ4回

蓋をあけてゴムベラで生地を引っ掛けて伸ばし、落とす。角度を変えながら4回したら、蓋をしめて20分おく。

→ 20分

4

2回目のパンチ4〜5回

20分経ったらゴムベラで4〜5回生地を伸ばす。

5

蓋をして室温で発酵させる。

2倍→

6

生地が約2倍になったら冷蔵庫に入れる。

室温+冷蔵庫で17〜24時間発酵

1

最終膨倍率2.2倍。オーブンに天板を入れ、最高温度で予熱を入れる。

2

生地の上に打ち粉をし、生地とタッパーの間にカードを差し込み隙間を作って生地を出す。169gずつ2分割する。

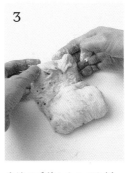

3

生地の手前から1/3を折って端を押さえ、少し重なるように向こう側から生地を持ってきて重なっている部分を押さえる。

4

生地の中心にゴルゴンゾーラをのせ、向こう側から二つ折りにして端をしっかりととじる。

5

両サイドをつまみ、軽く転がして形を整える。もう一つも同様に成形する。

6

とじ目を下にしてキャンバス地にのせ、35℃で35分発酵させる。

7

オーブンシートに移して打ち粉をふるい、ゆるやかなS字クープを浅めに1本いれる。
生地の上にオーブンシートを被せてスチーム（p.15参照）を入れ最高温度で5分焼く。5分経ったらオーブンシートを外し、温度を230℃に下げて12分間焼く。

ジャガイモのパン

材料（直径約7cm 6個分）

A [リスドォル…150g
イーグル…50g
塩…3.5g]
B [ジャガイモのゆで汁…100g
レーズン酵母…30g
ヤクルト…18g]
ジャガイモ…150g（皮無し）
バター…18g
しょう油…適量
キャラウェイシード…適量

下準備

皮をむき2cm角にカットしたジャガイモ150gを200gの水で茹でる。ジャガイモがやわらかくなったらすぐに茹で汁と分けて冷まし、茹で汁は100g残しておく（足りない場合は水を足す）。ジャガイモは使用する前まで冷蔵庫に入れておく。
バターを3gずつ6個にカットする。

1日目

1

Aの粉類は混ぜ合わせておく。タッパーにBを入れ、Aを加えてゴムベラで粉気がなくなるまでよく混ぜる。

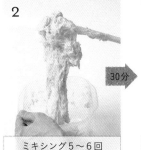

2

ミキシング5〜6回

粉気がなくなったら、ゴムベラに生地を引っ掛けて、切れる直前まで引っ張って落とし、生地を混ぜ合わせる。タッパーを少しずつ回転させながら5〜6回行い、蓋をして30分室温におく。

→ 30分

3

1回目のパンチ5〜6回

30分経ったら蓋を開け、同じようにゴムベラで5〜6回生地を引っ張って落とし、蓋をして20分室温におく。

→ 20分

4

2回目のパンチ5〜6回

20分経ったらまた5〜6回生地を伸ばす。

5

タッパーに蓋をして室温で発酵させる。

→ 1.8倍

6

生地が約1.8倍になったら冷蔵庫に入れる。

室温＋冷蔵庫で
17〜24時間発酵

2日目

1

最終膨倍率2倍。オーブンに天板を入れ、最高温度で予熱を入れる。

2

生地の上に打ち粉をし、生地とタッパーの間にカードを差し込み隙間を作って生地を出す。58gずつ6分割する。

3

ジャガイモの1/6量を生地で包み、しっかりとじる。残りも同様に成形する。

4

とじ目を下にしてキャンバス地にのせ、35℃で45分発酵させる。

5

オーブンシートに移し、ハサミで十字に切り込みを入れる。

6

切り込みの部分にキャラウェイシードとカットしたバターを入れ、しょう油少々をかける。スチーム（p.15参照）を入れ最高温度で5分焼き、オーブンシートを外してオーブンの温度を210℃に下げて8分焼く。

---

point

乳酸菌飲料を使って作る珍しいパン。意外かもしれませんが、生地の伸展性と旨味を引き出してくれます。

ウインナーパン

材料(約22cm 3本分)

A
- リスドォル…190g
- イーグル…20g
- 塩 …3.5g

B
- レーズン酵母…25g
- 水…105g
- コントレックス…30g

ウインナー(7〜9cmくらいのもの)…6本

1日目

ミキシング5〜6回　1回目のパンチ5〜6回　2回目のパンチ4回

室温+冷蔵庫で17〜24時間発酵

p.66 ジャガイモのパン1日目の手順1〜2と同様に5〜6回生地を伸ばしたら、蓋をして20分室温におく。20分経ったら5〜6回生地を伸ばし、また蓋をして20分室温におく。20分たったら4回生地を伸ばし、蓋をして室温におく。生地が2倍になるまで発酵したら冷蔵庫に入れる。

2日目

1

最終膨倍率2.2倍。オーブンに天板を入れ、最高温度で予熱を入れる。

2

生地の上に打ち粉をし、生地とタッパーの間にカードを差し込み隙間を作って生地を出す。125gずつ3分割する。

3
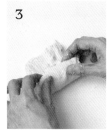

手前からゆるく巻き、10分休ませる。

4

縦6cm、横はウインナー2本分+2cm(短いウインナーの場合は3本分)の長さに伸ばし、ウインナーを2本のせて二つ折りにする。

5
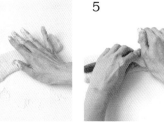

合わせ目をしっかりとじて両サイドをつまみ、とじ目を下にしてキャンバス地にのせる。35℃で30分発酵させる。

6

発酵後。オーブンシートに移し、表面に打ち粉をふるう。

7

クープを4本入れる。生地の上にオーブンシートを被せてオーブンに入れ、スチーム(p.15参照)を入れて最高温度のまま5分焼く。5分経ったらオーブンシートを外し、230℃に下げて8分焼く。

動画で作り方を確認できます!

https://youtu.be/uF08QKmS9QY

ジャンボン ド クリュ セレアル

材料(直径約7cm 6個分)

A
- イーグル…115g
- リスドォル…25g
- コーングリッツ…20g
- ライ麦粉(中挽)…20g
- マルチシリアル…40g
- 塩…4g

B
- レーズン酵母…30g
- 水…95g
- コントレックス…20g

ライフレーク…適量
生ハム
　…30×30cmの生地全体にのる量
クリームチーズ…50g
アルミカップ(8号)…6枚

※マルチシリアルはオーツ麦やひまわりの種などの混合穀物です。小麦に香ばしさや複雑な深みのある味わいを加えてくれます

1日目

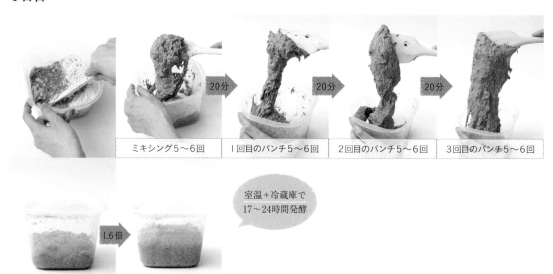

ミキシング5〜6回　→20分→　1回目のパンチ5〜6回　→20分→　2回目のパンチ5〜6回　→20分→　3回目のパンチ5〜6回

1.6倍

室温+冷蔵庫で17〜24時間発酵

p.66 ジャガイモのパン1日目の手順1〜2を参考に5〜6回生地を伸ばしたら、20分室温におく。手順3〜4と同様にしたら蓋をして20分室温におき、もう5〜6回生地を伸ばす。蓋をして室温におき、生地が1.6倍になるまで発酵したら冷蔵庫に入れる。

2日目

1

最終膨倍率1.8〜2倍。オーブンに天板を入れ、250℃で予熱を入れる。

2

生地の上に打ち粉をし、生地とタッパーの間にカードを差し込み、隙間を作って生地を出す。表面に打ち粉をふる。

3

めん棒で30×30cmに伸ばす。

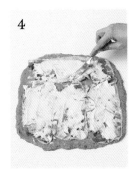

4

上1cmを残して生地全体に生ハムをのせ、その上にクリームチーズを全体に塗る。

5

手前から巻き、巻き終わりをしっかりととじる。

※巻きづらいときはカードを使うと巻きやすいです

6

台にライフレークを散らし、その上で生地を転がす。

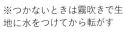

7

全体にまんべんなくライフレークをつける。

※つかないときは霧吹きで生地に水をつけてから転がす

8

包丁で6等分にカットする。

9

アルミカップに生地をのせて形を整える。35℃で45分発酵させる。

10

生地の厚さが2倍くらいになったらオーブンに入れ、温度を220℃に下げ5分焼き、さらに190℃に下げて8分焼く。

動画で作り方を確認できます！

https://youtu.be/ebg8ZGBbg9o

71

抹茶のミルクフランス

材料（約15cm 4本分）

A ┌ リスドォル…150g
　│ 抹茶…5g
　│ 砂糖…5g
　└ 塩…2.6g

B ┌ レーズン酵母…30g
　│ 牛乳…40g
　│ 卵…15g
　│ コントレックス…20g
　└ オリーブオイル…10g

抹茶のミルククリーム
　バター…45g
　抹茶…2g
　粉糖…15g
　コンデンスミルク…30g

下準備

抹茶のミルククリームを作る。室温に戻したバターに粉糖と抹茶を加え、白っぽくなるまでホイップする。コンデンスミルクを少しずつ入れてよく混ぜたら、絞り袋に入れて使用する少し前まで冷蔵庫に入れておく。

1日目

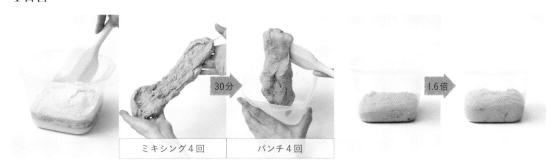

| ミキシング4回 | パンチ4回 |

30分　　　　　1.6倍

p.61 フガス1日目の手順**1**〜**2**と同様に生地を混ぜ合わせて両手で引っ張り、二つ折りにする。向きを変えながら合計4回行い、タッパーに入れて蓋をして30分おく。30分経ったらタッパーを回転させながらゴムベラで4回生地を伸ばし、蓋をして室温で発酵させる。1.6倍になったら冷蔵庫に入れる。

室温＋冷蔵庫で
17〜24時間発酵

2日目

1

最終膨張倍率1.8〜2倍。オーブンに天板を入れ、230℃で予熱を入れる。

2

生地の上に打ち粉をし、生地とタッパーの間にカードを差し込み隙間を作って生地を出す。70gずつ4分割する。

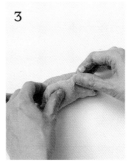

3

手前からゆるく巻き、巻き終わりをつまむようにしてとじる。

4

両手で転がして15cmに伸ばす。

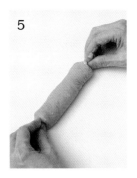

5

両サイドをつまむ。

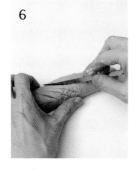

6

1本作るごとにとじ目を下にして、クープナイフで8mm幅に切り込みを入れる。残りも同様に成形し、キャンバス地にのせて35℃で30分発酵させる。

7

オーブンシートに移し、オーブンの温度を190℃に下げて12分焼く。

8

焼き上がったらケーキクーラーにのせて冷まし、粗熱が取れたらハサミで両サイドに切りこみを入れる。

9

下1/3を残して開くようなイメージで、両サイドの切り込みの間をカットする。

10

抹茶のミルククリームの袋の先端を1cm幅にカットし、9のカットした部分に絞りいれる。

point

抹茶のミルククリームはたっぷりと。固くて絞りづらいときは、室温に少しおいてから絞ってみてください。

ショコラ

材料（約17cm 4本分）

A ┌ イーグル…200g
  │ 全粒粉…30g
  │ ココア（無糖）…20g
  │ 砂糖…13g
  └ 塩…4.5g
B ┌ レーズン酵母…50g
  │ 水…85g
  │ 卵…25g
  │ モルト…2g
  └ 溶かしバター（無塩）…30g
チョコチップ…50g
オレンジピール…40g

1日目

ミキシング5〜6回　→30分→　1回目のパンチ5〜6回　→20分→　2回目のパンチ4回

室温+冷蔵庫で
17〜24時間発酵

1.6倍

p.66 ジャガイモのパン1日目の手順1〜3まで同様に作る。20分経ったら両手で生地を持ち、左右
にゆっくりと引っ張って二つ折りにするのを、生地の向きを変えながら合計4回行う。
タッパーに戻して蓋をして室温におき、1.6倍になるまで発酵したら冷蔵庫に入れる。

1

最終膨倍率1.8〜2倍。オーブンに天板を入れ、250℃で予熱を入れる。生地の上に打ち粉をし、生地とタッパーの間にカードを差し込み隙間を作って生地を出す。

2

115gずつ4分割し、手前からゆるく巻く。残り3つも同様にし、10分室温で休ませる。

3

巻き終わりを上にして台におき、めん棒で8×16cmに広げる。生地の中心にオレンジピールとチョコをのせる。

4

二つ折りにし、端をしっかりとじる。両サイドをつまみ、軽く転がして形を整える。

5

とじ目を下にしてキャンバス地にのせ、35℃で30分発酵させる。

6

オーブンシートに生地を移し、ハサミで深く切り込みを入れる。オーブンに入れ、温度を200℃に下げて12分焼く。

point

切り込みを入れることで、ちぎりパンのように食べやすくなります。

パイナップルパン

材料（直径約10cm 6個分）

A［ リスドォル…200g
　　砂糖…18g
　　塩…3.6g
B［ レーズン酵母…40g
　　牛乳…80g
　　卵…16g
　　溶かしバター…15g

パイナップルクリーム
　　卵黄…1個分
　　グラニュー糖…20g
　　コーンスターチ…8g
　　パイナップル缶のシロップ…50g
　　水…50g
　　パイナップル…2枚（1cm幅にカット）
アルミカップ（8号）…6枚

1日目

| ミキシング4回 | 1回目のパンチ4回 | 2回目のパンチ4回 | 3回目のパンチ4回 |

1.6倍

室温＋冷蔵庫で
17〜24時間発酵

p.61フガス1日目の手順1〜3を参考に4回生地を伸ばし、タッパーに蓋をして20分室温におく。
20分経ったらゴムベラで4回生地を伸ばし、蓋をして20分おく。20分経ったら4回生地を伸ばし、蓋をして20分おく。
もう4回生地を伸ばし、蓋をして室温で1.6倍になるまで発酵させたら冷蔵庫に入れる。

2日目

下準備

1
鍋にシロップと水を入れ、沸騰直前まで温める。ボウルに卵黄を割り入れて軽くほぐし、グラニュー糖を入れて白っぽくなるまでホイッパーですり混ぜる。コーンスターチを入れ、粉気がなくなるまで混ぜる。

2
温めたシロップの1/3量をボウルに注いでよく混ぜ、残りを注いでさらによく混ぜる。

3
2を鍋に戻し、中火と強火の間くらいの火にかけ、ゴムベラで底からよくかき混ぜる。沸騰してきたらさらに2〜3分かき混ぜながら炊き続け、コシが切れてつやが出たら火からおろす。

4
ボウルに移して空気が入らないようにラップをし、氷水の入ったボウルに浮かべて冷やす。使う前にゴムベラでコシを切り、細かくカットしたパイナップルを混ぜる。

1

最終膨倍率2倍。オーブンに天板を入れ、250℃で予熱を入れる。生地の上に打ち粉をし、生地とタッパーの間にカードを差し込み隙間を作って生地を出す。

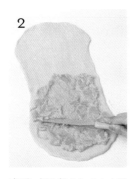

2

表面に打ち粉をしてめん棒で40×25cmに伸ばし、生地の下半分にコシを切ったパイナップルクリームを全体に伸ばす。

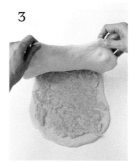

3

生地の上半分をカードではがし、クリームの上に被せる。

4

めん棒で縦30cmに伸ばし、両サイドをカードで切り落として縦に6等分にする。

※切り落とした生地は6等分してアルミカップにのせる

5

生地を向こう側に2回ねじる。

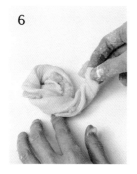

6

左側を中心にして反時計回りに巻き、巻き終わりを生地の下に入れてアルミカップにのせる。

7

35℃で50分発酵させる。生地の厚さが2倍くらいになったらオーブンに入れ、温度を240℃に下げ5分焼く。180℃に下げてさらに10分焼く。

---

point

クルクルとねじる成形で華やかに仕上げる可愛らしいパン。成形が難しいと思ったらぜひ動画でチェックしてみてください。

動画で作り方を確認できます！

https://youtu.be/MrD_qvWbAgs

フリュイ ショコラ

材料（約23cmなまこ型 1個分）

A ┃ リスドォル…210g
　┃ イーグル…40g
　┃ ココア（無糖）…10g
　┃ 塩…4.5g
B ┃ レーズン酵母…45g
　┃ 水…110g
　┃ コントレックス…38g
チョコレート…20g

フリュイ
　ドライクランベリー…20g
　ドライチェリー…20g
　ドライブルーベリー…20g
　ドライカシス…20g
　赤ワイン…20g
　カシスリキュール…15g

下準備

チョコレートは5mm角にカットする。フリュイの材料を全て鍋に入れ、弱火にかける。水分がなくなる手前まで煮つめ、火から下ろし冷ましておく。

※フリュイは「4種のベリーミックス（富澤商店）」を使用してもよい

1日目

1

タッパーにBを入れる。よく混ぜ合わせたAを加え、ゴムベラで粉気がなくなるまでしっかりと混ぜる。

※ビニール袋にAの粉を全て入れて振るとよく混ざります

2

粉気がなくなったら、ゴムベラに生地を引っ掛けて、切れる直前まで引っ張って二つ折りにするように落とす。

3

2〜3回したら120gを皮用に別のボウルにとりわける。

4

20分

ミキシング5〜6回

残りの生地に下準備しておいた具を加え、タッパーを回転させながら5〜6回生地を伸ばす。皮用の生地も同様に5〜6回伸ばす。蓋をしめ、皮用の生地のボウルにラップをして室温に20分おく。

5

1回目のパンチ5〜6回

20分

20分経ったら蓋とラップを外し、それぞれ回転させながら5〜6回生地を伸ばす。蓋とラップをして20分室温におく。

6

2回目のパンチ5〜6回

20分

またそれぞれ回転させながら5〜6回生地を伸ばす。蓋とラップをして20分室温におく。

7

3回目のパンチ5〜6回

それぞれ回転させながら5〜6回生地を伸ばす。

8

皮用の生地をラップに包み、具入りの生地のタッパーに入れて蓋をしめる。

※私は同じタッパーで発酵させていますが、別々に発酵させても大丈夫です

9

1.8倍

室温＋冷蔵庫で17〜24時間発酵

室温におき、1.8倍になるまで発酵したら冷蔵庫に入れる。

2日目

1

最終膨倍率2倍。オーブンに天板を入れ、最高温度で予熱を入れる。

2

生地の上に打ち粉をし、生地とタッパーの間にカードを差し込み隙間を作って生地を出す。具入りの生地を手前からゆるく巻く。

3

巻き終わりを上にして向こう側から1/3を折り、端を押さえる。

4

さらに向こう側から生地を二つ折りにし、手のひらのつけねを使って合わせ目をしっかりとじる。

5

手のひらで軽く転がして20cmに伸ばし、両サイドをつまむ。

6

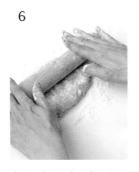

皮用の生地に打ち粉をたっぷりとまぶし、18×21cmに伸ばす。

7

とじ目

皮用生地の手前1.5cmをあけて、具の入っている生地をのせる。

※具入りの生地のとじ目が自分のほうに向くように

8

手前からくるりとひと巻きし、巻き終わりを下にして両サイドをつまむ。

9

巻き終わりを下にしてキャンバス地にのせ、35℃の発酵器で50分発酵させる。

10

発酵完了したらオーブンシートに移し、打ち粉をふるう。

11

皮の生地を切るような深さで、S字クープを入れる。S字クープの両側に、斜めに5本ずつ飾りのクープを入れる。

12

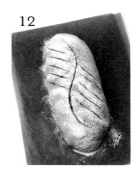

生地の上にオーブンシートを被せ、オーブンに入れる。スチーム（p.15参照）を入れて最高温度で5分焼き、5分経ったらオーブンシートを外し、230℃に下げて23分焼く。

point

皮用の生地を伸ばすときは打ち粉をたっぷり使ってください。少ないとめん棒や作業台に生地がくっついて破れてしまうことがあります。具の生地を包むときに打ち粉が多く残っていたら、ブラシなどで払いましょう。

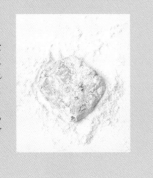

パン オ カフェ

材料（約16cm 2個分）

A
- リスドォル…100g
- イーグル…80g
- 全粒粉…20g
- インスタントコーヒー…6g
- 塩…4g

B
- レーズン酵母…45g
- 水…100g
- コントレックス…20g

アーモンド…30g
クランベリー…45g
チョコレート…30g
あればコーヒーの粉…小さじ1

下準備

アーモンドは160℃で10分ローストしてから水に15分浸け、よく水切りする。
クランベリーは水に15分浸け、よく水切りする。
チョコレートは5mm角にカットする。

1日目

1

2

3

4

| ミキシング7〜8回 |

30分

p.80 フリュイショコラ1日目の手順1〜3と同様に材料を混ぜ生地を2〜3回伸ばしたら、120gを皮用にとりわける。

p.80手順4を参考に下準備しておいた具をタッパーに加え、皮用と具入りの生地をそれぞれ7〜8回伸ばし、室温に30分室温におく。

5

6

7

8

室温＋冷蔵庫で17〜24時間発酵

| 1回目のパンチ7〜8回 |

30分

| 2回目のパンチ7〜8回 |

1.8倍

30分経ったら、p.81手順5を参考にそれぞれ生地を7〜8回伸ばし、室温に30分おく。

30分経ったらそれぞれの生地を7〜8回伸ばす。

皮用の生地をラップに包み、具入りの生地のタッパーに入れて蓋をしめる。

※別々に発酵させても大丈夫です

室温におき、1.8倍まで発酵したら冷蔵庫に入れる。

1

最終膨倍率２〜2.3倍。オーブンに天板を入れ、最高温度で予熱を入れる。生地の上に打ち粉をし、生地とタッパーの間にカードを差し込み隙間を作って生地を出す。皮用の生地を60gずつ２分割、具入りの生地を180gずつ２分割する。

2　**3**　**4**

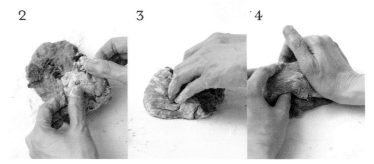

p.81 フリュイショコラ２日目の手順２〜４と同様に具入りの生地を巻き、手のひらで軽く転がして12cmに伸ばす。残りも同様に作る。

5

皮用の生地に打ち粉をたっぷりとまぶし、13×13cmに伸ばす。コーヒーの粉をのせて全体にまんべんなく手で広げる。

6

皮用生地の手前1.5cmをあけて、具の入っている生地をのせる。

※具入りの生地のとじ目が自分のほうに向くように

7

手前からくるりとひと巻きし、巻き終わりを下にして両サイドをつまむ。残りも同様に作る。

20分

8

巻き終わりを下にしてキャンバス地にのせ、35℃で40分発酵させる。

9

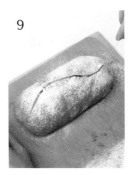

オーブンシートに移し、打ち粉を全体にふるってＳ字クープを皮の生地を切るような深さで入れる。オーブンシートを被せてオーブンに入れ、スチーム（p.15参照）を入れて最高温度で5分焼く。5分経ったらオーブンシートを外し、240℃に下げて15分焼く。

Lesson 4
食卓パン

粉の味を楽しむシンプルなパン。
材料はほとんど同じなのに、不思議と味が違います。
パン作りをする人なら憧れるパンも。
お気に入りのパンを見つけてください。

食パン

材料（9.5×18.5×9㎝　1本分）

A ┌ イーグル…300g
　│ 砂糖…5g
　└ 塩…5.5g
B ┌ レーズン酵母…60g
　│ 水…50g
　└ 牛乳…110g
　　コントレックス…50g
　　溶かしバター（無塩）…20g
バター（型用）…適量

※お好みでレーズン酵母の搾りかす
　レーズン…60g（絞った状態）

下準備

レーズン酵母に使用したレーズンを入れる
場合は、水分が垂れない程度まで絞り、
60g用意する。

1日目

1　　**2**　ミキシング7〜8回　→20分→　**3**　1回目のパンチ6〜7回　→30分→　**4**　2回目のパンチ5〜6回

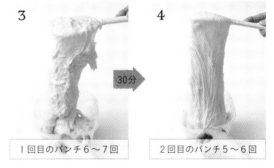

p.43 パン ド カンパーニュ1日目の手順1〜3を参考
に材料を混ぜ合わせ、7〜8回生地を伸ばしたら、20
分室温におく。

※レーズン酵母の搾りかすレーズンを入れる場合は、2
回生地を伸ばしたあとに加えて生地を伸ばしながら混ぜ
てください。

20分経ったら、タッパーを
回転させながら6〜7回生
地を伸ばして蓋をし、30分
室温におく。

30分経ったら、タッパーを
回転させながら5〜6回生
地を伸ばし、打ち粉をした
台に生地を出す。

5　→2.2〜2.3倍→　**6**

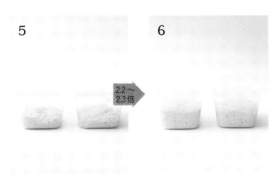

> 室温＋冷蔵庫で
> 17〜24時間発酵

300gずつ2分割し、それ
ぞれタッパーに入れ蓋をし
て室温におく。

生地が2.2〜2.3倍に膨らん
だら冷蔵庫に入れる。

※ミキシングは一つのタッパーでしますが、そのまま発
酵させるとタッパーから生地が溢れるおそれがあります。
そのため、ミキシング後に2分割して、タッパーを二つ
に分けて発酵させます。

2日目

1

最終膨倍率2.5倍。オーブ
ンに天板を入れ、250℃で
予熱を入れる。型にバター
を塗る。生地の上に打ち粉
をし、生地とタッパーの間
にカードを差し込み隙間を
作って生地を出す。

2

出した生地の一つを半分に
折る。

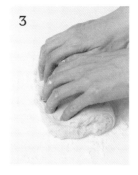

3

端から少し内側を指先でと
じる。

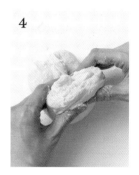

4

縦長になるように生地を回
転させ、生地を半分に折り、
端から少し内側を指先でと
じる。同様にもう一度する。

5

とじ目を真上にして縦長に
生地をおき、半分に折り合
わせ目をしっかりとじる。
もう一つの生地も同様に成
形する。

6

とじ目が下になるようにし
て、二つの生地を型の両端
に入れる。

7

35℃で90〜120分発酵させ、
山の頂点が型と同じくらい
になるまでおいておく。

8

オーブンの温度を240℃に
下げて5分焼き、200℃に
下げて15分焼く。焼き上が
ったら型を数回叩き、型か
ら出す。

リュスティック

材料（約12cm 4個分）

A ┌ リスドォル…200g
　│ イーグル…50g
　└ 塩…4.5g

B ┌ レーズン酵母…50g
　│ 水…120g
　│ モルト…1g
　└ コントレックス…30g

1日目

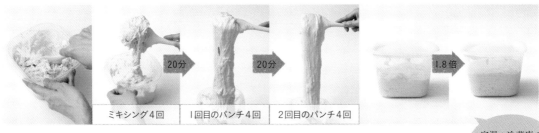

ミキシング4回　　1回目のパンチ4回　　2回目のパンチ4回

室温＋冷蔵庫で
17〜24時間発酵

p.28 基本のバゲット1日目の手順1〜6まで同様に作ったら、タッパーに蓋をして室温におく。
生地が1.8倍になるまで発酵したら冷蔵庫に入れる。

2日目

1

最終膨倍率2〜2.3倍。
オーブンに天板を入れ、
最高温度で予熱を入れ
る。

2

キャンバス地に多めの
打ち粉をふるう。生地
の上にたっぷりと打ち
粉をし、生地とタッパー
の間にカードを差し
込み隙間を作って生地
を出す。

3
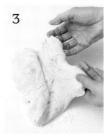

生地を左右の両端から
1/3ずつ折って三つ折
りにする。

4

同様に上下の両端から
も1/3ずつ折って三つ
折りにする。

5

カードを使って生地を
そっとひっくり返す。

6
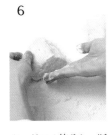

カードで4等分し、断
面に打ち粉をつける
（計量はしなくてよい）。

※断面につける打ち粉
はたっぷりと

7

キャンバス地に生地を
のせて、35℃で30分発
酵させる。

8

5分経ったらオーブンシートを外し、温度を
230℃に下げて10分焼く。

オーブンシートに移
し、クープを斜めに
1本入れる。生地の
上にオーブンシート
をのせ、オーブンに
生地を移しスチーム
（p.15参照）を入れ
て最高温度のまま5
分焼く。

point

クープを入れる際
は、断面でない部
分から入れると入
れやすいです。

プチパン

材料（約12cm 4個分）

A		B	
リスドォル…200g		レーズン酵母…38g	
ライ麦粉（中挽）…15g		水…115g	
全粒粉…35g		モルト…1g	
塩…4.5g		コントレックス…40g	

1日目

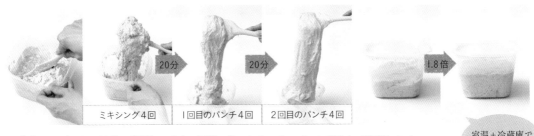

ミキシング4回　→20分→　1回目のパンチ4回　→20分→　2回目のパンチ4回　　1.8倍

室温＋冷蔵庫で
17〜24時間発酵

p.28 基本のバゲット1日目の手順1〜6まで同様に作ったら、タッパーに蓋をして室温におく。
生地が1.8倍になるまで発酵したら冷蔵庫に入れる。

2日目

1

最終膨張倍率2〜2.2倍。オーブンに天板を入れ、最高温度で予熱を入れる。

2

生地の上に打ち粉をし、生地とタッパーの間にカードを差し込み隙間を作って生地を出す。なるべく四角くなるように、110gずつ4分割する。

3

それぞれ生地の対角を中心に持ってきて、10分休ませる。

4

角の部分を正面にし、向こう側から生地を持ってくる。生地の端に親指を添えて、向こう側にぐっと押す。

5

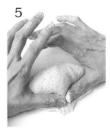

もう一度向こう側から生地を持ってきて二つ折りにし、生地の合わせ目をしっかりとじる。

6

軽く転がし、とじ目を下にしてキャンバス地にのせる。残りの生地も同様に作り、35度で30分発酵させる。

※必ず、成形の際に手前だった部分をクリップのある方向においてください

7

生地をオーブンシートに移し、表面に打ち粉をふってクープを入れる。生地の上にオーブンシートを被せてオーブンに入れ、スチーム（p.15参照）を入れて最高温度のまま5分間焼く。
5分経ったらオーブンシートを外し、230℃に下げて12分焼く。

米粉のブール

材料（約22cm 1個分）

A ┌ イーグル…125g
　│ リスドォル…50g
　│ 米粉（製パン用）…50g
　└ 塩…4g
B ┌ レーズン酵母…50g
　│ 水…100g
　└ コントレックス…30g

1日目

1

Aの粉類は混ぜ合わせてお
く。Bを入れたタッパーに
Aを加え、ゴムベラで粉気
がなくなるまでよく混ぜる。

2

ミキシング6〜7回

30分

粉気がなくなったらゴムベ
ラに生地を引っ掛け、切れ
る直前まで引っ張って落と
す。角度を変えながら6〜
7回行い、蓋をして30分
室温におく。

3

1回目のパンチ9〜10回

30分

手順2同様9〜10回生地
を伸ばし、蓋をして30分室
温におく。

4

2回目のパンチ5〜6回

同じように5〜6回生地を
伸ばす。

5

1.8倍

タッパーに蓋をして室温に
おく。

6

室温＋冷蔵庫で
17〜24時間発酵

1.8倍になったら冷蔵庫に
入れる。

2日目

最終膨倍率2〜2.3倍。オーブンに天板を入れ、最高温度で予熱を入れる。p.44 パン ド カンパーニュ2日目の手順
1〜6と同様にしてしっかり丸め、とじ目を上にしてそっとボウルに入れてサイドにも打ち粉をふるい、35℃で40分発
酵させる。発酵終了したらp.45手順9〜10と同様に十字にクープを入れて最高温度で5分、240℃に下げて20分焼く。

ロデヴ

材料（約23cm 1個分）

A ┌ リスドォル…230g
　└ 塩…4.5g
B ┌ レーズン酵母…45g
　│ 水…120g
　│ モルト…2g
　└ コントレックス…35g

1日目

1

Aの粉類は混ぜ合わせておく。タッパーにBを入れ、Aを加えてゴムベラで粉気がなくなるまでよく混ぜる。

2

ミキシング6回

粉気がなくなったらゴムベラに生地を引っ掛け、切れる直前まで引っ張って落とす。角度を変えながら6回行い、蓋をして20分室温におく。

→ 20分

3

1回目のパンチ6回

6回生地を伸ばし、蓋をして20分室温におく。

→ 20分

4

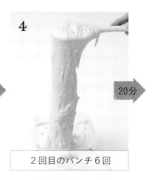

2回目のパンチ6回

6回生地を伸ばし、蓋をして20分室温におく。

→ 20分

5

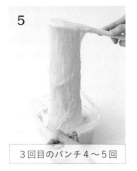

3回目のパンチ4〜5回

4〜5回生地を伸ばす。

6

タッパーに蓋をして室温におく。

→ 2.2倍

7

2.2倍になったら冷蔵庫に入れる。

室温＋冷蔵庫で17〜24時間発酵

2日目

1

最終膨倍率2.5倍。オーブンに天板を入れ、最高温度で予熱を入れる。

2

p.44 パン ド カンパーニュ2日目の手順1～6を参考にしてゆるく丸める。

3

たっぷりと打ち粉をふった18cmのボウルにとじ目を下にしてそっと入れる。

4

生地の側面を中心に寄せるようなイメージで軽く押さえ、打ち粉をふるう。35℃で60分発酵させる。

5

発酵後。p.45手順9を参考に生地をオーブンシートに移す。

6

生地の上にオーブンシートを被せてオーブンに入れ、最高温度のままスチームを入れて（p.15参照）5分焼く。
5分経ったらオーブンシートを外して温度を250℃に下げ、20分焼く。

パン オ フィグ

材料（約11cm 4個分）

A
- リスドォル…180g
- ライ麦粉（中挽）…40g
- 塩…4g

B
- レーズン酵母…30g
- 水…105g
- コントレックス…23g

ドライフィグ…100g

下準備

ドライフィグを1.5cm角にカットする。ごろごろと大きめのほうが美味しく仕上がります。

1日目

1

p.80フリュイショコラ1日目の手順**1〜2**と同様に材料を混ぜ合わせて生地を伸ばす。

2

ミキシング2〜3回

手順**1**をもう2〜3回繰り返して生地を伸ばす。

具を入れる →

3

ミキシング5〜6回

カットしたドライフィグを加え、タッパーの角度を変えながら5〜6回生地を伸ばしたら、蓋をして30分室温におく。

※伸びにくい生地です

30分 →

4

1回目のパンチ5〜6回

30分経ったら5〜6回生地を伸ばす。

5

1.4倍 →

タッパーに蓋をして室温におく。

6

1.4倍になったら冷蔵庫に入れる。

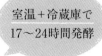

室温＋冷蔵庫で
17〜24時間発酵

2日目

1

最終膨張倍率1.6〜1.8倍。冷蔵庫から生地を出す30〜40分前にオーブンに天板を入れ、最高温度で予熱を入れておく。

2

生地の上に打ち粉をし、生地とタッパーの間にカードを差し込み、隙間を作って生地を出す。

3

120gずつ4分割する。

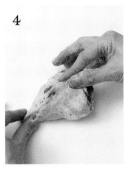

4

1点を頂点にし、両端から生地を円錐状に持ってきてしっかりと合わせる。

5

残った生地を中心に持ってきて合わせる。

6

軽く転がして形を整える（最終発酵はなし）。

7

とじ目を下にしてオーブンシートに並べ、打ち粉をふるってクープを中心から放射状に5本入れる。

8

生地の上にオーブンシートを被せてオーブンに入れ、スチーム（p.15参照）を入れて最高温度のまま5分焼く。5分経ったらオーブンシートを外し、温度を230℃に下げて8分焼く。

レーズン酵母の搾りかすを使ったベーグル

材料(直径約13cm 3個分)

A ┌ イーグル…210g
  └ 塩…3.5g

B ┌ レーズン酵母…40g
  │ 水…80g
  └ モルト…8g

レーズン酵母の搾りかすレーズン
　…20g(絞った状態)

※モルトはシロップ(モルト1：水1
で希釈)を使用。モルトパウダーを使
用する場合はモルトパウダー小さじ1
をAに加え、Bの水を7g増やす

下準備

レーズン酵母に使用したレーズンを、水分
が垂れない程度まで絞り、20g用意する。

1日目

1
Aの粉類を混ぜ合わせ、B
を入れたタッパーに加えて
ゴムベラで混ぜ合わせる。
粉気がなくなったら生地を
台に出す。

2
手のひらで生地を広げるよ
うに伸ばし、手のひらで戻
す作業を数回行ったら、絞
ったレーズンを生地にのせ
る。

3
手順2同様、手のひらで伸
ばして戻す作業をレーズン
が全体に混ざるまで数回繰
り返す。

4
生地をタッパーに戻し、蓋
をして室温におく。

1.5倍

5
1.5倍になったら冷蔵庫に
入れる。

室温＋冷蔵庫で
17〜24時間発酵

2日目

1

最終膨倍率1.9〜2.3倍。13×13cmにカットしたオーブンシートを3枚用意する。

2

生地の上に打ち粉をし、生地とタッパーの間にカードを差し込んで隙間を作って生地を出し、120gずつ3分割する。

3

手前から生地をきつめに巻き、残りの2つも同様にする。

※ひと巻きするごとに生地を自分のほうにグッと押さえるように

4

最初の1本を手のひらで転がし、長さ23cmに伸ばす。

5

巻き終わりを自分のほうに向け、右側2cmを斜め上・下に広げる。

6

広げた生地の端に反対側の生地を合わせる。

7

広げた生地を被せるようにして、生地の端を包む。

8

裏返しにして、合わせ目をしっかりととじる。

9

とじ目を下にしてオーブン
シートにのせ、35℃で50
分発酵させる。
発酵させている間にオーブ
ンに天板を入れ、250℃に
予熱を入れておく。深さの
ある鍋にお湯を沸かしてお
く。

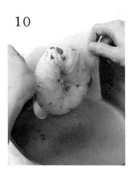

10

沸かした湯に分量外の砂糖
とモルトを入れる。90℃
（底からぽこぽこ泡が出て
くる程度）のお湯に生地
を逆さにして入れ、1分茹
でる。茹でている間にオー
ブンシートをはがす。

※湯1ℓに対し砂糖大さじ
1と1/2、モルト2g〜5g
が目安

11

生地をお湯の中で立てるよ
うにしてひっくり返し、さ
らに1分茹でる。

12

1分たったら引き上げてよ
く湯を切る。

13

オーブンシートにのせ、オ
ーブンの温度を200℃に下
げて15分焼く。

point

ベーグルの穴が小さいときは、指を入れてくる
くると回して形を整えましょう。また、生地を茹で
る際、オーブンシートがはがれない場合は一度沈
めるとはがれやすくなります。

Lesson 5

レーズン酵母を
使ったお菓子

酵母の力で香りのよい
クラシカルな焼き菓子を作りましょう。

シフォンケーキ

材料
（200mℓの紙コップ6個分
　もしくは15cmのシフォン型1台分）

卵黄…2個分
　グラニュー糖…10g
　レーズン酵母…65g
　ドルチェ…50g
卵白…2個分
　グラニュー糖…25g
※お好みでレーズン酵母の搾りかす
　レーズン…20g

下準備
レーズン酵母に使用したレーズンを入れる
場合は、水分が垂れない程度まで絞り、
20g用意する。

動画で作り方を
確認できます！

https://youtu.be/JFVDACnhu0o

1 卵黄とグラニュー糖10gを
ホイッパーで白っぽくなる
までよくすり混ぜ、レーズ
ン酵母を少しずつ加えよく
混ぜる。

2 ふるっておいたドルチェを
入れ、ホイッパーで粉気が
なくなるまでよく混ぜたら
ラップをして室温（夏場は
冷蔵庫）で6時間発酵させ
る。

※レーズンを加える場合はこ
こでドルチェと一緒に加える

3 オーブンに190℃で予熱を
入れる。卵白にグラニュー
糖25gを3回に分けて加え、
ハンドミキサーでメレンゲ
を立てる。メレンゲの1/3
量を2に加え、ホイッパー
でやさしく混ぜる。

4 ゴムベラに持ち替えて残り
のメレンゲを2回に分けて
加え、都度やさしく混ぜる。
メレンゲを塗り広げて底か
ら生地をひっくり返すよう
なイメージで、メレンゲを
あまり潰さないように。

5 少し高めの位置から生地を
型に流し入れる。型をゆす
って平らにし、竹串を2周
回して余分な気泡を抜く。

6 オーブンを180℃に下げて
12〜15分焼き、焼けたら
10cmくらい上から台に叩き
落として逆さにして冷ます。

バナナパウンドケーキ

材料
（8×18×6㎝パウンド型1本分）

バナナ…120g
　（皮付きで約160g〜180gのものを使用）
リスドォル…50g
レーズン酵母…50g
生クリーム（乳脂肪分35%）…80g
グラニュー糖…70g
卵…1個
オリーブオイル…80g
ドルチェ…150g

下準備

パウンド型にオーブンシートを敷く。
バナナは皮付きのまま180℃のオーブンで10〜12分焼く。
ドルチェをふるっておく。

1
リスドォルとレーズン酵母をホイッパーで混ぜ合わせ、ラップをして室温に2時間おく。

2
ボウルに生クリームとグラニュー糖を入れ、ハンドミキサー（中速）でとろっとするまで混ぜ合わせる。1を入れてしっかりと混ぜる。

3
2に、卵、オリーブオイル、バナナの順に加え、都度ハンドミキサー（中速）でよく混ぜる。バナナの潰し具合はお好みで。

4
ふるっておいたドルチェを加え、ゴムベラでしっかりと混ぜる。ラップをして室温（夏場は冷蔵庫）に5時間おく。4時間経ったらオーブンに天板を入れ、240℃で予熱を入れる。

5
生地を軽く混ぜてパウンド型に流し入れ、オーブンの温度を220℃に下げて10分焼く。

6
型をオーブンから一度出し、水に濡らしたナイフで生地の中心（両サイド1㎝残す）に切り込みを入れ、200℃に下げて20分焼き、180℃に下げてさらに10分〜15分焼く。

7
焼き上がったら型から出して冷ます。

動画で作り方を確認できます！

https://youtu.be/Bijui436x_0

マフィン

材料（7cmのマフィン型 6個分）

リスドォル…30g

レーズン酵母…30g

生クリーム（乳脂肪分35%）…100g

グラニュー糖…85g

塩…少々

卵…2個

ドルチェ…80g

アーモンドプードル…40g

※お好みでレーズン酵母の搾りかす
　レーズン…20g

グラシン（8号）

※グラシンがない場合は、型にバターを
塗り、打ち粉（強力粉）をふるっておく

下準備

レーズン酵母に使用したレーズンを入れる場合は、水分が垂れない程度まで絞り、20g用意する。

1

リスドォルとレーズン酵母をホイッパーで混ぜ合わせ、ラップをして室温に6時間おく。

2

オーブンに天板を入れ、240℃で予熱を入れる。ボウルに生クリーム・グラニュー糖・塩を入れ、とろっとするまでハンドミキサー（中速）で混ぜる。卵を1個ずつ加え、都度ハンドミキサーで混ぜ合わせる。

3

2にふるったドルチェを散らし、その上にアーモンドプードルと1の酵母を入れ、ゴムベラで酵母を切るようにしてよく混ぜる。

※レーズンを加える場合は粉気が半分なくなったら加える

4

粉気や固まりがなくなり滑らかになったらグラシン紙を敷いたマフィン型に8〜9分目まで流し入れ、オーブンの温度を180℃に下げて25分焼く。途中6分ほどで生地の中心がプクッと膨らんだら天板の前後を入れ替える。

動画で作り方を確認できます！

https://youtu.be/IRu0CNnpXqE

スコーン

材料（14〜16個分）

リスドォル…40g
レーズン酵母…40g
ドルチェ…160g
グラニュー糖…40g
バター（1cm角にカット）…100g
牛乳…適量

1

リスドォルとレーズン酵母をホイッパーで混ぜ合わせ、ラップをして室温に6時間おく。

2

フードプロセッサーにドルチェとグラニュー糖を入れて撹拌し、バターを入れ、粉チーズのように細かくなるまで撹拌する。

3

2に1を加え、大きな塊が2〜3個できるまで撹拌する。

4

ラップに出し、3〜4回折りたたむのを繰り返してひとまとめにする。

5

めん棒で厚さ2cmほどに伸ばして冷蔵庫で1〜2時間休ませる。頃合いを見てオーブンに210℃で予熱を入れておく。

6

包丁で16個くらいにランダムにカットして、オーブンシートを敷いた天板に並べる。

7

表面に牛乳を塗り、オーブンの温度を180℃に下げて18〜23分焼く。

point

フードプロセッサーがない場合は、手順2〜3をカードで細かく切るようにして混ぜ合わせると作れます。

動画で作り方を確認できます！

https://youtu.be/zl0HMFIeDAk

ビスコッティ

材料（作りやすい量）

ドルチェ…80g
アーモンドプードル…50g
グラニュー糖… 40g
塩…小さじ1/2
レーズン酵母…55g
アーモンド…80g

1

ボウルにふるったドルチェ・アーモンドプードル・グラニュー糖・塩を入れ、ホイッパーで軽く混ぜ合わせる。

2

レーズン酵母を加えてゴムベラで混ぜる。粉が少し残るくらいになったらアーモンドを加えてざっくりと混ぜ合わせる。

3

ラップに生地を出し、数回たたむようにして生地をまとめる。

4

6×20×2cmくらいの棒状にまとめ、冷蔵庫で2時間休ませる。頃合いを見てオーブンを170℃に予熱し、オーブンシートを敷いた天板にのせて170℃で25分焼く。

5
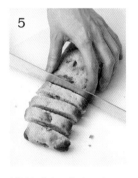
焼けたらケーキクーラーに移し、冷めたら7～8mm厚さにスライスする。

6

切った面を上にして、150℃のオーブンで20分焼く。焼けたらケーキクーラーにのせて冷ます。

動画で作り方を確認できます！

https://youtu.be/-EZLd0IaEtk

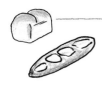

私がパン作りをするようになった
きっかけ

もともと子どもの頃からお米よりもパンのほうが好きでした。
365日三食がパンでもよかったくらい大好き。
パン作りをするようになったきっかけは母、そしてパン教室を始めたきっかけは妹です。

母は私の子ども時代には珍しく、自宅でパン作りをする人でした。
インスタントドライイーストという便利なものはなく、予備発酵が必要なドライイーストを使っていました。ドライイーストにぬるま湯を加えるとぶくぶく泡が出て発酵していく様子はとても不思議で、いつもずっと張りついて見続けていました。
その頃のパン作りは、ボウルの中で生地を100回叩きつけるようなもの。途中からは「もちっこ」という餅をこねる機械で生地を作っていました。よく作ってくれたのはバターロールとかめパンとピザ。思い返せばイースト臭はしていたし、今食べたら美味しいものではないのかもしれない。けれど、自分の大好物を母が作ってくれるのが嬉しくて、私だけでなく私のお友だちにとっても懐かしい思い出の味になっています。
小学生の頃はお誕生日会を開き、友だちに手作りのピザをふるまってくれました。あの頃はまだピザなんて珍しい食べ物で（笑）、焼いても焼いても追いつかないという状態。卒業して30年後の同窓会では母が焼いてくれたピザの話になり、皆が懐かしがってくれました。自慢の母と母の味です。

ときは経って妹に可愛い女の子が誕生し、家事と子育てに忙しそうに奮闘している姿を見て、「ママたちがほっと一息つける憩いの場を提供したい」と思い、パン教室を始めました。
私にとってパンが母との懐かしい思い出になっているのと同じように、ママたちにとってほっと一息つけると共に、忘れられない家族の味、家族との大切なひとときになってほしい……。
そんな思いから、「自家製酵母パン教室Orangerie」がスタートしたのです。

パン作りは、毎日のお料理と違って「なくてもいいもの」。
だからこそ、あなたの大切な人にとって、あなたが作ったパンが将来特別な思い出になってくれたらいいなと願っています。

松尾 美香 (まつお・みか)

自家製酵母パン教室Orangerie（オランジュリー）主宰。大手・個人パンスクールに通った後、ル・コルドンブルーでディプロマを取得し、シニフィアンシニフィエにてシェフから本格フランスパンの高度な技術を学ぶ。教室の月間生徒数は100人以上、のべ生徒数11,000人を超し、一つのメニューで86人のキャンセル待ちが出るほどの人気を誇る。現在は国内外から多くの生徒が受講する通信講座やYouTubeのパン作り動画でも高い評価を得ており、YouTube「日本一やさしい本格パン作りチャンネル」はチャンネル登録者数1万人を超す人気チャンネルとなる。
著書に『ホームベーカリーの大活躍レシピ』（成美堂出版）『家庭用オーブンで誰でも作れる日本一やさしい本格パン作りの教科書』（秀和システム）がある。

 Instagram：@mika_matsuo

 HP：http://orangerie-brave.com/

 YouTube：日本一やさしいパン作りチャンネル
https://www.youtube.com/channel/
UCRiozwVYXalXwKYPQZk1JJw

STAFF
撮影　三浦英絵
スタイリング　宮沢史絵
デザイン／DTP　中山詳子＋渡部敦人（松本中山事務所）
校正　宮崎守正
イラスト　松尾美香
アシスタント　奈良春美　山口弘子　有江麻美　池松由貴

材料協力
TOMIZ（富澤商店）
オンラインショップ　https://tomiz.com/
電話番号：042-776-6488

初めてでも驚くほど美味しい
日本一やさしい本格パン作りの教科書
レーズン酵母編

発行日	2021年 10月 14日　第1版第1刷

著　者　松尾　美香

発行者　斉藤　和邦
発行所　株式会社　秀和システム
〒135-0016
東京都江東区東陽2-4-2 新宮ビル2階
Tel 03-6264-3105（販売）Fax 03-6264-3094
印刷所　三松堂印刷株式会社　　　　　Printed in Japan

ISBN978-4-7980-6547-2 C0077